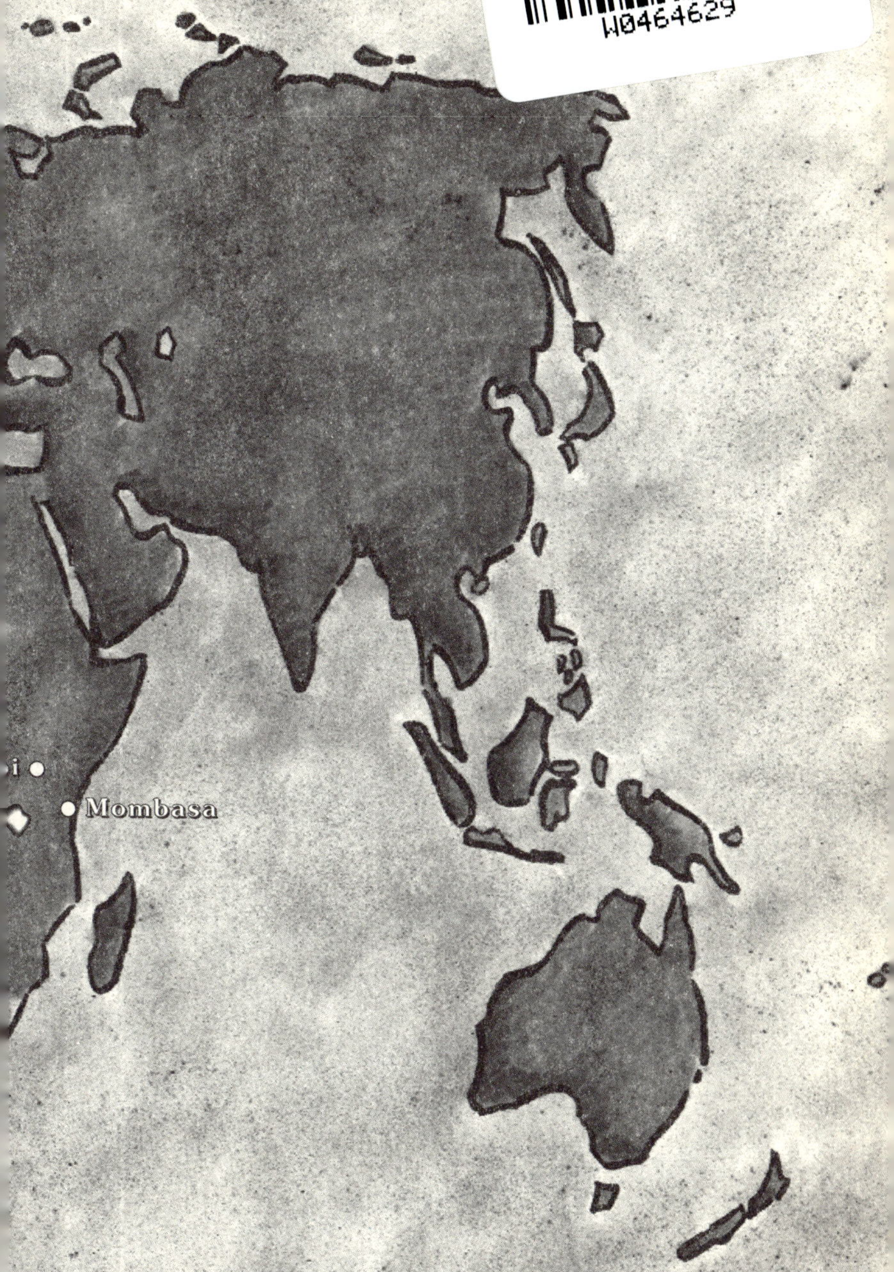

W0464629

Die Abenteuer des jungen Indiana Jones

Schüsse im Garten Eden · Britisch-Ostafrika 1909

Mike F. Thompson

DIE ABENTEUER DES JUNGEN INDIANA JONES™

Schüsse im Garten Eden

Britisch-Ostafrika 1909

Aus dem Amerikanischen von
Michael Kubiak

vgs

Erstveröffentlichung bei vgs verlagsgesellschaft, Köln. Adapted by Mike F. Thompson. Based on the teleplay »British East Africa. September 1909« written by Matthew Jacobs and directed by Carl Schultz.
Story by George Lucas.

Das Buch basiert auf der Fernsehserie
»Die Abenteuer des jungen Indiana Jones« von George Lucas.

Die Deutsche Bibliothek – CIP-Einheitsaufnahme

Die Abenteuer des jungen Indiana Jones : [das Buch basiert auf der Fernsehserie] / von George Lucas. – Köln : vgs.
Einheitssacht.: The young Indiana Jones chronicles <dt.>
NE: Lucas, George [Begr.]; EST
Schüsse im Garten Eden : Britisch Ostafrika 1909 / Mike F. Thompson.
Aus dem Amerikanischen von Michael Kubiak. – 1993
ISBN: 3-8025-2251-6
NE: Thompson, Mike F.

Lizenzausgabe mit freundlicher Genehmigung
Agentur für Urhebernebenrechte GmbH
Merchandising München KG
Kardinal-Faulhaber-Straße 15, 8000 München 2

Copyright TM + © 1992 LUCASFILM LTD. (LFL).
All rights reserved.
Copyright © der deutschen Ausgabe: vgs verlagsgesellschaft, Köln 1992

Alle Rechte vorbehalten
Lektorat: Rufus Barke, Köln, im Auftrag der vgs
Umschlaggestaltung: Papen Werbeagentur, Köln
Titelfoto: © Keith Hamshere, 1992 LFL
Satz: Fotosatz Froitzheim, Bonn
Druck: Clausen & Bosse, Leck
Printed in Germany
ISBN 3-8025-2251-6

Inhalt

Prolog

1992, Feinschmecker-Restaurant Tavern on the Green, New York

Das Restaurant Tavern on the Green, eine der ersten Adressen für all jene, die zu einem vorzüglichen Essen auch eine gediegene Atmosphäre bevorzugen, war besonders festlich geschmückt. Der Anlaß war ein Wohltätigkeitsessen zugunsten einer multinationalen Bildungs- und Studienförderung, wie man auf Spruchbändern lesen konnte, die über den Köpfen der Speisenden von der Decke herabhingen.

Es handelte sich um eine dieser typischen Alibiveranstaltungen für Leute, die sich gerne das Mäntelchen der Hilfsbereitschaft umhängen und ihr Gewissen vorzugsweise durch eine namhafte Spende für einen »sozialen Zweck« beruhigen. Das soll nicht heißen, daß nicht auch Menschen an diesem Essen teilnahmen, denen die Unterstützung und Förderung ausländischer Mitbürger wirklich am Herzen lag.

Zu diesem Kreis von ehrlich engagierten Personen zählte sicherlich auch der ältere Herr an einem kleinen Tisch, der gerade durch seine randlose Brille die Speisekarte begutachtete. Sein rechtes Auge lag unter einer schwarzen Klappe verborgen. Seine Kleider hingegen waren zwar gediegen, jedoch derart zerknautscht und ausgebeult, daß man meinen konnte, er wäre geradewegs von irgendeiner Expedition oder Safari ins Paradies der Feinschmecker geeilt.

Wer ihn mit Expeditionen oder Safaris in Verbindung brachte, lag nicht einmal so falsch. Der Name des alten Mannes lautete Indiana Jones. Er war Professor und Archäologe und hatte im Laufe seines aktiven Berufslebens an zahlreichen Expeditionen teilgenommen. Ihm und seinem Wagemut verdankte die Welt einige sensationelle archäologische Funde und daraus resultierende Erkenntnisse.

Old Indy blickte auf, als ein junges, wohlhabend aussehendes Paar sich seinem Tisch näherte. Der Mann half seiner hübschen Frau, einer zierlichen Blondine, aus ihrem raffiniert auf verwegen getrimmten Designer-Parka und schlüpfte selbst aus einem ähnlichen Kleidungsstück für Salonabenteurer. Sie ließen sich neben Indiana Jones nieder, nachdem sie ihn mit einem lässigen Kopfnicken begrüßt hatten.

Das mußten Norma und Tom sein, wie die Platzkarten auf dem Tisch verrieten, die Indy kontrolliert hatte, ehe er Platz nahm. Sie unterhielten sich ungeniert laut, so daß ihr Tischnachbar jedes Wort verstehen konnte.

»Ich denke«, sagte Norma, während sie nach der Speisekarte auf ihrem Platz griff, »wenn alle hier Anwesenden nur ihre Designer-Unterwäsche spendeten, dann würde das schon die Kasse der Stiftung überlaufen lassen, und wir könnten alle gleich wieder nach Hause gehen ...«

Sie blickte auf, und das Lächeln verschwand schlagartig aus ihrem Gesicht.

»Sieh doch mal, wer gerade reingekommen ist«, stieß sie zischend hervor und wies mit einem Kopfnicken zum Eingang.

Tom, ihr Mann, blickte hoch. »Ach nein – Selina Masereel!«

Norma schüttelte den Kopf. »Mein Gott, sie sieht ja aus wie ein Pelztierjäger.«

Tom nickte. »Das kann schon sein. Soweit ich gehört habe, hat Frank einiges bei ihr gutzumachen, daher diese üppigen Geschenke.«

»Aber kann sie sich denn nichts anderes wünschen?« fragte Norma entrüstet.

Tom legte ihr eine Hand auf den Arm und flüsterte: »Jetzt beruhige dich, Norma. Sei tolerant und fang nicht gleich wieder Streit an ...«

Indiana Jones wagte einen verstohlenen Blick über den Rand der Speisekarte hinweg. Besagte Selina Masereel kam auf sie zu. Sie lächelte, so daß ihre sämtlichen Zähne zu sehen waren, einer makelloser und weißer als der andere. Dazu trug sie einen weiten Mantel aus Leopardenfell, der die Blicke der Anwesenden auf sich zog.

Ungefähr fünf Meter vom Tisch entfernt breitete die Frau bereits die Arme aus und flötete: »Norma! Tom! Was für eine schöne Überraschung!«

Norma und Tom antworteten gemeinsam, allerdings mit spürbar gedämpfter Begeisterung.

»Hallo, Selina. Welcher Glanz in dieser Hütte.«

Sie umarmten einander wie uralte Freunde, die sich lange nicht gesehen hatten. Selina ließ sich neben Indy auf den Stuhl fallen.

Eine erstickend schwere Parfümwolke hüllte den alten Professor ein, und er wünschte sich verzweifelt, woanders zu sitzen, egal wo, nur nicht zwischen diesen beiden Frauen.

Ein wenig zu auffällig schlüpfte Selina Masereel aus ihrem Mantel. Sie war eine schöne Frau, das mußte sogar Indy zugeben. Das lange dunkelbraune Haar, das ein Haarkünstler ihr kunstvoll hochfrisiert hatte, schimmerte seidig im gedämpften Licht. Schwere goldene Ohrgehänge rahmten ein längliches Gesicht ein, das geprägt war durch eine aristokratisch gerade Nase, einen ausdrucksvollen Mund und Augen, die dank eines raffinierten Make-ups ausgesprochen orientalisch wirkten.

Indy kannte diesen Typ Frau nur zu gut. Er war ihm schon häufiger begegnet, zuerst in Paris, als er gerade sechzehn Jahre alt gewesen war. Mata Hari hatte das Zauberwesen geheißen und ihm einen gründlichen Anschauungsunterricht in Sachen Liebe gegeben ...

Indys heiles Auge bekam einen verträumten Ausdruck. Er spürte, wie sein Herzschlag sich bei der Erinnerung an diese Frau beschleunigte. Aber er wurde unsanft aus seinen Träumen gerissen. Norma konnte den Blick nicht von dem auffälligen Mantel abwenden. Sie wollte etwas sagen, doch Selina ergriff vor ihr das Wort. Sie beugte sich zur Seite und kam Indiana Jones gefährlich nahe.

»Moment mal ...«, sagte der alte Herr entrüstet.

Aber Selina Masereel beachtete ihn gar nicht. An seinem Kopf vorbei bemerkte sie zu ihrer Freundin: »Ich weiß genau, was du jetzt denkst, aber betrachte es doch mal von einer anderen Seite. Frank hat dieses gute Stück von einem Kürschner gekauft, der gerade mit seinem Laden Pleite gemacht hat. So können seine Kinder wenigstens weiterhin eine anständige Schule besuchen ...«

Norma ließ Selina kaum ausreden.

»Nun versuch ja nicht, dein Verhalten zu rechtfertigen. Du weißt ganz genau, wie ich zu solchen Modetorheiten stehe. Überleg nur mal, wie viele Tiere für diesen Fummel haben sterben müssen!«

Selina winkte ab und verzog angewidert das Gesicht.

»Manchmal, Norma, geht deine selbstgerechte Art mir unwahrscheinlich auf die Nerven ...«

Der Kellner blieb an ihrem Tisch stehen, doch die beiden Frauen ignorierten ihn völlig. Sie beugten sich nun vor und unterhielten sich weiterhin an Indiana Jones vorbei, nur mußte er sich jetzt zurücklehnen, um nicht im Weg zu sein.

»Das hat doch nichts mit Selbstgerechtigkeit zu tun!« protestierte Norma entrüstet.

Selina lächelte spöttisch. »Womit denn sonst? Mit Schuld? Oder mit schlechtem Gewissen?«

Norma schüttelte heftig den Kopf.

»Nein! Es geht einzig und allein darum, das Gleichgewicht in der Natur wiederherzustellen, das die Menschheit in ihrem Streben nach Fortschritt zerstört hat...«

Selina lachte schallend.

»Mein lieber Schatz, was du von Gleichgewicht weißt, bezieht sich höchstens auf die Absatzhöhe deiner Pumps!«

Der Kellner begann Wein einzuschenken, nachdem Tom ihm ein Zeichen gegeben hatte. Norma deckte ihr Glas demonstrativ mit der Hand zu.

»Für mich bitte Mineralwasser«, verlangte sie spitz.

Der Mann ging weiter und füllte Selinas Glas.

Norma sah zu und flüsterte abfällig: »Alkohol...«

»Was meintest du?« erkundigte Selina sich.

Norma schaute zu dem Kellner hoch.

»Ich nehme nur einen Spinatsalat.«

»Ich möchte das gleiche«, schloß Tom sich an. »Vielen Dank.«

Indy überlegte einen Moment, dann sagte er zu dem Kellner: »Für mich, bitte, den Salat Cäsar...«

Selina brauchte nicht lange nachzudenken, sie wußte genau, was sie wollte.

»Ich hätte gerne das Kalbssteak...«

Norma sprang auf und stieß einen wütenden Schrei aus.

»Kalbfleisch? Du verlangst Fleisch von Babyrindern?«

Indy ging unwillkürlich in Deckung, als die beiden Frauen sich gegenseitig wütend anfunkelten.

»Du Kannibalin!« schimpfte Norma.

»Ach, Norma-Baby«, erwiderte Selina beschwichtigend, »es ist nur so, daß ich mir darüber im klaren bin, an welcher Stelle der Nahrungskette der Mensch steht, weißt du...«

Norma konnte sich kaum fassen.

»Du bist völlig krank, verdorben! Diese armen kleinen Tiere. Niemals sehen sie das Tageslicht! Zusammengepfercht müssen sie in engen Ställen dahinvegetieren, damit sie...«

Selina holte eine Packung Zigaretten aus der Handtasche. »Jetzt komm mal langsam wieder auf den Boden, Norma...«

Norma gab sich nicht geschlagen.

»Wenn du das Zeug unbedingt essen willst, dann bitte woanders, nur nicht hier!«

Selina zündete die Zigarette an, blies den Rauch durch die Nase aus und sagte: »Nein, Liebes, ich esse hier an diesem Tisch. Schließlich habe ich dafür bezahlt.«

»Dann«, trumpfte Norma auf, »garantiere ich für nichts. Wenn mir schlecht wird und ich es nicht rechtzeitig bis zur Toilette schaffe, ist das allein deine Schuld!«

Selina grinste erwartungsvoll. »Au ja, toll, das wäre doch mal eine Abwechslung. Dann käme wenigstens etwas Leben in diesen lahmen Haufen hier...«

Als wäre dies das Stichwort gewesen, auf das Norma gewartet hatte, begann sie schlagartig zu würgen, wobei ihr Gesicht sich zu einer lächerlichen Grimasse verzerrte.

Indiana Jones hatte sich das Wortgeplänkel in Ruhe angehört, doch nun reichte es ihm. Jetzt war es wohl an der Zeit, daß er sich einmischte. Er schlug mit der flachen Hand auf den Tisch, so daß die beiden Frauen erschrocken zusammenzuckten.

»Jetzt ist aber endlich Schluß«, knurrte er mit krächzender Stimme. »Ich denke, es reicht. War jemand von Ihnen schon mal in Afrika?«

Selina betrachtete ihren Tischnachbarn neugierig und nickte.

»Ja, ich war mal in Tunis – liegt das in Afrika?«

Norma verdrehte die Augen und hob in einer flehenden Geste die Hände. »Lieber Gott, erlöse mich von ihr. Sie ist ja soooo dämlich! Ich glaub's einfach nicht...«

»Was willst du denn schon wieder?« fauchte Selina und drehte sich zu ihrer Bekannten um. »Fängst du schon wieder an?«

Indy hob abwehrend eine Hand. »Moment mal!«

Die beiden Frauen sahen ihn erwartungsvoll an.

»Ich weiß«, fuhr Indy fort, »daß es eigentlich unhöflich ist, sich in ein fremdes Gespräch einzumischen, aber ich konnte Ihre Unterhaltung leider nicht überhören. Als Sie vom ›Gleichgewicht‹ in der Natur sprachen, wurde ich an ein Erlebnis in meiner Jugend erinnert.«

»Aha«, sagte Norma. »Und was ist passiert?«

Indy legte die Speisekarte zurück auf den Tisch und massierte sein Kinn.

»Ich entsinne mich an eine Zeit, in der das Erlegen eines wilden Tieres als Akt der Arterhaltung angesehen wurde...«

»Und wann war das?« wollte Tom wissen.

»Als ich zehn Jahre alt war«, antwortete Indiana Jones.

»Das muß ja schon eine halbe Ewigkeit zurückliegen«, murmelte Norma so leise, daß der alte Herr sie nicht hören konnte. Aber er hörte es doch.

»Ja, das tut es«, sagte er. »Ich begleitete damals meine Eltern. Wir unternahmen anläßlich einer Vortragsreihe meines Vaters, die er an verschiedenen internationalen Universitäten hielt, eine ausgedehnte Weltreise. Mein Vater hatte sogar eigens eine Privatlehrerin für mich engagiert... Miss Helen Seymour.«

Indiana Jones schmunzelte, als er diesen Namen nannte. Seine Augen bekamen einen fast zärtlichen Ausdruck.

Norma wurde ungeduldig. »Nun kommen Sie doch endlich zum Thema. Bis jetzt finde ich Ihre Geschichte nicht besonders aufregend . . .«

»Ein alter Schulfreund meines Vaters«, erzählte Indy weiter, wobei er die junge Frau strafend ansah, »Richard Medlicot, war nach Afrika gegangen. Er hatte sich dort in Britisch-Ostafrika, dem heutigen Kenia, eine Kaffeeplantage aufgebaut und lud uns ein, ihn dort zu besuchen. Afrika war damals ein wildes Land und von Sagen und Legenden umwoben, und nicht einmal mein Vater konnte der Versuchung widerstehen, ins Innere dieses phantastischen und unheimlichen Kontinents vorzudringen. Wir hatten zwar schon vorher während einer Reise nach Kairo einen kleinen Eindruck von diesem Erdteil bekommen, aber von seinen undurchdringlichen Dschungeln hatten wir dort oben im Norden natürlich nichts gesehen. Die letzte Etappe unserer Reise in den Dschungel begann in der alten Hafenstadt Mombasa . . .«

1

Ein erster Blick ins Paradies

»Vier Löwen, zwei Büffel, zehn Zebras, drei Spitzmaulnashörner, ein Litschi...«

»Ein was?« fragte Professor Henry Jones seinen zehnjährigen Sohn. Er hatte dieses Wort noch nie gehört.

»Litschi«, wiederholte Indiana Jones. »Aber frag mich nicht, was das ist.«

Ein heftiger Seewind riß beinahe die Zeitung aus Indys Hand. Er spürte, wie sein Magen einen Salto vollführte, als der Dampfer in der lebhaften See eine Rollbewegung ausführte. Das war eigentlich seltsam. Ein bewegtes Meer machte ihm normalerweise nichts aus. Wenn er recht überlegte, dann hatte er in den vergangenen Monaten weitaus schlimmere Fahrten erlebt. Die Unterbringung und der sonstige Komfort auf der weltweiten Vorlesungsreise seines Vaters waren nicht immer gerade erstklassig gewesen.

Wahrscheinlich lag es an dem seltsamen Fleischgericht, das ihnen zu Mittag vorgesetzt worden war. »Afrikanisches Geschnetzeltes in Sahnesauce«, hatte auf der Speisekarte gestanden – was immer das heißen mochte. Indy hatte nur zwei oder drei Happen hinunterbekommen. Er wußte, daß er sich lieber den Fisch hätte bestellen sollen, wie seine Mutter und sein Vater es getan hatten.

Nun, dazu war es jetzt zu spät. Er schluckte krampfhaft, faltete die Zeitung einmal auf halbe Größe zusammen, um sie besser gegen den Wind verteidigen zu können, und fuhr fort: »Hier steht, daß Präsident Roosevelt all diese Tiere selbst geschossen hat und daß er sich erst seit März in Britisch-Ostafrika aufhält. Das sind dann ...« – er rechnete stumm nach – »... sechs Monate!«

»Beeindruckend«, sagte Professor Jones. »Vor allem wenn man bedenkt, daß der alte Mann fast genauso blind ist wie eine Fledermaus und etwa soviel wiegt wie ein Spitzmaulnashorn. Wahrscheinlich hat er jedes Tier mit einer regelrechten Salve zur Strecke gebracht. Vorstellen könnte ich mir das, denn es ist ja bekannt, daß er ein Waffennarr ist und keine Gelegenheit ausläßt, um in der Gegend herumzuballern.«

Indy war geschockt. Für ihn war Theodore Roosevelt einer der größten Amerikaner, die je gelebt hatten. Roosevelt hatte eine Unmenge geleistet: er hatte eine schwere Krankheit in seiner Kindheit überwunden und war Boxchampion geworden; er hatte Berge bestiegen, eine Rinderfarm geleitet, war als Student an der Harvard-Universität mit den höchsten Auszeichnungen versehen worden, hatte sich als Entdekker und Forscher unbekannter Länder hervorgetan und war schließlich zum Präsidenten der Vereinigten Staaten gewählt worden.

1898, ein Jahr vor Indys Geburt, hatte Roosevelt im Spanisch-amerikanischen Krieg in sehr schwierigem Gelände einen bergauf gerichteten Kavallerieangriff angeführt – im Alter von 40 Jahren.

»Dad«, sagte Indy, »vergiß nicht, daß du von unserem Präsidenten sprichst!«

»Ex-Präsidenten ...« Professor Jones lehnte sich zu Indy hinüber und las über seine Schulter hinweg laut aus der Zeitung vor: »›Der hochgeschätzte amerikanische Staatslenker ... ein furchtloser Jäger ... leitet eine Expedition für das Smithsonian Institute, um Tiere und Pflanzen, vor allem Großwild, für die naturkundliche Sammlung zu beschaffen ...‹ Von wegen furchtloser Jäger! Roosevelt ist arbeitslos. Er hat keinen Job mehr. Für ihn ist das doch nichts anderes als ein ausgedehnter Urlaub!«

Professor Jones blickte auf und sah den verwirrten Gesichtsausdruck seines Sohnes, der ihn mit großen Augen fragend anstarrte. Mit einem müden Seufzer fügte er hinzu: »Na schön, ich nehme an, ich bin auf den Mann ein bißchen neidisch. Warum interessierst du dich überhaupt so für ihn?«

»Er ist doch ein Freund des Mannes, den wir besuchen wollen, oder nicht?«

»Na ja, das schon, aber Mr. Medlicot leitet eine Kaffeeplantage. Er hat wohl kaum die Zeit, um sich mit Großwildjägern zu beschäftigen.«

»Schade.« Indy dachte mit leichtem Grausen an die nächsten Tage. Das war genau das, was er sich schon immer gewünscht hatte – in der afrikanischen Hitze herumsitzen und den Kaffeebohnen beim Wachsen zusehen.

»Glaub mir, selbst wenn er in unserer Nähe sein sollte, würden wir deinen verehrten Teddy Roosevelt wahrscheinlich nie zu Gesicht bekommen.«

»Warum nicht?«

Professor Jones zuckte die Achseln. »Man weiß ja nie. Bei seinen schwachen Augen hält er uns am Ende noch für ein Rudel Impala-Antilopen.«

»Dad«, sagte Indy mit unschuldiger Miene, »hat dir eigentlich schon mal jemand gesagt, daß du ziemlich seltsame Witze machst?«

Professor Jones lachte schallend und fuhr mit der Hand liebevoll durch Indys Haare. Dabei waren seine Augen auf irgendein Ziel in der Ferne gerichtet.

»Mein Gott, die ersten Zeichen der Zivilisation!« rief er aus. »Ich glaube, wir nähern uns dem Ende unserer Reise. Land in Sicht! Und was ich da hinten sehe, dürfte die alte Hafenstadt Mombasa sein. Wir haben es bald geschafft, Junior.«

Indy verdrehte entrüstet die Augen. »Indiana!« protestierte er.

»Nein, Britisch-Ostafrika.«

»Du weißt genau, was ich meine, Dad«, sagte Indy. »Du sollst mich Indiana nennen!«

Henry Jones, Junior – so lautete Indys richtiger Name. Aber er hatte sich als Kampfnamen den Namen seines Hundes, Indiana, ausgesucht. Erstens, weil er seinen Hund liebte, und zweitens, weil der Name ganz einfach einen tollen Klang hatte. Einfach, oder? Warum also mußte sein Vater ihn ständig Junior nennen? Er konnte wenigstens Henry zu ihm sagen – von ihm aus auch Jones!

»Entschuldige – Junior«, sagte Professor Jones mit einem verhaltenen Lachen. Er zwinkerte seinem Sohn zu, dann blickte er über die Reling.

Indy folgte seinem Blick und entdeckte eine Ansammlung von Gebäuden am Horizont. »Es wurde aber auch allmählich Zeit«, sagte er mit einem erleichterten Seufzer.

»Was ist denn los? Langweilst du dich schon?« fragte sein Vater. »Ägypten, Paris und Wien, war das für dich noch nicht aufregend genug?«

»Doch, das alles war schon toll, aber es gab dort keine Löwen und Tiger ... und keine Litschis!«

Nachdem der Dampfer mit dem beziehungsreichen Namen ADMIRAL sich einige weitere Stunden lang durch die schwere See gearbeitet hatte, verwandelten sich die Gebäude am Horizont nach und nach in eine Stadt. Auf den ersten Blick präsentierte sich den Ankömmlingen ein aufgeregtes Gewimmel von Farben: Schiffe mit geblähten Segeln glitten vor dem Panorama der Häuser am Hafen vorbei, Pferdekutschen rollten über die Kaianlagen, dazwischen drängten sich von Menschen gezogene Lastkarren.

Auf der Hafenpromenade flanierte ein buntes Völkergemisch: Man sah Europäer in adretten, gestärkten weißen Leinenanzügen; Araber, die lange, fließende Gewänder trugen; und Eingeborene, die fast gar nichts am Leibe hatten. Eine mächtige Festung beherrschte den Hafen. Ihre wehrhaften Mauern ragten aus dem dichten Wald auf dem Felshang empor, der sich zum Meer herabschwang.

»Anna! Helen!« rief Professor Jones durch die offene Tür einer Kabine im Schiffsinnern. »Kommt herauf! Das müßt ihr euch ansehen!«

Einen kurzen Augenblick später erschien Mrs. Anna Jones, Indys Mutter, Arm in Arm mit Indys Privatlehrerin, Miss Helen Seymour.

»Oh, Helen«, sagte Indys Mutter, und ihre Augen leuchteten auf. »Ist das nicht wunderbar?«

Mrs. Jones war schlank und ausgesprochen hübsch. Ihr blondes Haar glänzte in der Sonne wie reifer Weizen, und ihre sanften blauen Augen schienen allwissend zu sein. Wenn ihr Mann manchmal schroff und abweisend wirkte, war das Auftreten von Anna Jones voller Wärme und Herzlichkeit; aber in einem Punkt war sie ihrem Mann überaus ähnlich: in ihrem Drang, weite Reisen zu unternehmen und die Welt kennenzulernen.

Indy achtete allerdings kaum auf seine Mutter, sondern er fixierte Helen Seymour, die neben Mrs. Jones richtig krank aussah. Ihr Gesicht wirkte schlaff und ihre Augen glänzten unnatürlich. Die normalerweise sehr helle und weiße Haut der Engländerin hatte heute einen grünlichen Schimmer. Silbergraue Haare waren aus dem Knoten, den sie sich am Morgen frisiert hatte, herausgerutscht und verliehen der ansonsten auf Ordnung und eine tadellose Erscheinung bedachten Lehrerin das Aussehen eines zerrupften Huhns.

Als dieser Vergleich Indy blitzartig durch den Kopf schoß, mußte er sich ein schadenfrohes Grinsen verbeißen. Dann betrachtete er seine Tutorin ungläubig. Sie war nicht gerade die netteste Person auf der Welt, aber jetzt tat sie ihm aufrichtig leid.

Normalerweise war Miss Seymour ziemlich hart im Nehmen und ließ sich niemals eine Schwäche anmerken. Indy hatte häufig ihr Gesicht studiert und nach spontanen Reaktionen Ausschau gehalten, doch etwas anderes als Mißfallen oder Ablehnung hatte er dort nur sehr selten feststellen können. Nun, da ihr offenbar speiübel war, sah sie fast... na ja, menschlich aus.

Das muß wohl das Geschnetzelte zu Mittag gewesen sein, erkannte Indy. Miss Seymour war die einzige außer ihm gewesen, die es gekostet hatte. Und als standhafte und auf Stil bedachte Britin war sie mit gutem Beispiel vorangegangen und hatte ihren Teller vollständig geleert.

Indy beobachtete, wie die ältere Dame mit unsicheren Schritten zur Reling ging. Sie schaffte es tatsächlich, sich gerade zu halten, und brachte sogar ein kleines Lächeln zustande. Für einen Moment glaubte Indy, daß sie sich besser fühlte – bis das Schiff erneut von einer besonders hohen Welle attackiert wurde und mit einem heftigen Schwanken reagierte. Sofort erstarb das Lächeln auf Miss Seymours Lippen.

»Nun, das bißchen Seegang macht Ihnen doch nichts aus, nicht wahr, Helen?« sagte Professor Jones fröhlich.

Miss Seymours Antwort war ein leiser, erstickter Laut, der sowohl Zustimmung als auch Ablehnung bedeuten konnte. Die Seekranke dachte auch nicht daran, sich genauer zu erklären, sondern machte unvermittelt auf dem Absatz kehrt und rannte zurück in ihre Kabine. Dabei nahm ihr ohnehin schon auf Leiden eingestelltes Gesicht einen zutiefst gepeinigten Ausdruck an.

Indy konnte ein zufriedenes Grinsen nicht unterdrücken: Diese Reise fing vielversprechend an.

2

Alte Freunde

Vor allem für Miss Seymour war es eine Erlösung, endlich wieder festen Boden unter den Füßen zu haben. Dafür ertrug sie ohne ein Wort der Klage den Staub und Gestank und die Hektik, die die Reisenden überfielen, als sie das Schiff verließen.

Professor Jones hatte keine Schwierigkeiten, drei arbeitswillige Träger für das Gepäck aufzutreiben, die ihnen außerdem noch Tips gaben, wo sie ein Hotel für die Nacht finden konnten.

Die Besucher mußten nicht lange suchen, sondern entschieden sich für eine bescheidene Bleibe in nächster Nähe des Hafens. Das Hotel hatte keinen Namen, über dem unauffälligen Eingang hing lediglich ein einfaches Schild, das nach alter englischer Tradition BED AND BREAKFAST verkündete; dies sollte wohl die in diesem Teil Afrikas lebenden Engländer an ihre europäische Heimat erinnern.

Der Überredungskunst des Professors war es zu verdanken, daß die kleine Hotelküche sogar noch ein Abendessen für die neuen Gäste zubereitete. Am Ende des Tages zogen die Reisenden sich gesättigt und rechtschaffen müde auf ihre Zimmer zurück.

Auch Indy war froh, wieder einmal in einem Bett liegen zu dürfen, das nicht ständig hin und her schwankte und aus dem er herauszufallen drohte. Er war hundemüde und schlief augenblicklich ein, sobald seine Mutter ihm einen Gutenachtkuß gegeben hatte. In einem kurzen Wachtraum sah er sich zuvor noch als erfolgreicher Jäger mit Gewehr unterm Arm vor seinen Trophäen knien ...

Am nächsten Tag mietete Professor Jones in Mombasa eines der wenigen Automobile in Britisch-Ostafrika, nämlich ein Ford T-Modell. Die vier Weltreisenden verstauten ihr Gepäck in dem Wagen, zwängten sich auf ihre Plätze und machten sich auf den weiten Weg ins Landesinnere.

Die richtige Route zu finden, fiel ihnen nicht schwer, sie mußten sich nur an die einzige Straße halten, die es gab. Dabei war die Bezeichnung »Straße« für die Wege, über die ihr Automobil rollte, stark übertrieben. Nach einer langen, die Knochen durchschüttelnden Fahrt über die Bodenwellen und durch die Dornenbüsche einer trockenen, zerklüfteten Hochebene erreichten sie endlich die Plantage von Mr. Medlicot.

Bis zum Horizont erstreckten sich endlose Reihen von olivgrünen Kaffeebäumen. Mittendrin stand ein einstöckiges Steingebäude, das Wohnhaus des Plantagenbesitzers.

Als sie näherkamen, erkannte Indy vier Männer auf der Hausveranda, die ihnen fröhlich lächelnd zuwinkten. Nur einer der vier war ein Weißer, und Indy nahm an, daß dies der Freund seines Vaters war. Während der Ford stotternd und hustend zum Stehen kam, sprangen die vier Männer von der Veranda herunter und kamen eilig auf den Wagen zu. Dabei wirbelten sie bei jedem Schritt kleine Staubwolken vom trockenen Untergrund hoch.

Der Motor des Ford bäumte sich spuckend und ächzend ein letztes Mal auf, ehe er endgültig verstummte.

»Willkommen, meine Freunde!« rief Richard Medlicot. Seine Augen funkelten wie Blitze aus seinem von der Sonne gebräunten Gesicht. Während sich Medlicot den Begleitern seines Freundes vorstellte, holten seine afrikanischen Diener das Gepäck aus dem Wagen. Anschließend gingen der Plantagenbesitzer und Professor Henry Jones aufeinander zu und begrüßten sich in einem höchst seltsamen Ritual. Sie bewegten die angewinkelten Arme wie Vögel ihre Schwingen und sagten dazu im Chor einen Text auf, den niemand außer ihnen verstand. Dann fielen sie einander um den Hals.

»Richard, du alter Gauner!« rief Professor Jones. »Du siehst nicht einen Tag älter aus als damals, als wir noch zusammen in Oxford waren.«

»Das habe ich nur diesem Land zu verdanken, Henry«, erwiderte Medlicot. »Frische Luft, unverdorbene Erde – es ist so, als lebte man im Garten Eden!« Er wandte sich jetzt an die anderen. »Ich fürchte, wir haben nicht viel Zeit. Geht ins Haus, macht euch frisch und zieht euch strapazierfähigere Kleider an. Wir brechen in einer halben Stunde auf.«

»Aufbrechen?« fragte Professor Jones. »Wir sind doch gerade erst angekommen!«

»Aber wir können eine Einladung, an einer Safari teilzunehmen, doch nicht ausschlagen! Oder wollt ihr euch eine solche Gelegenheit entgehen lassen?« fuhr Medlicot fort.

»Eine *Safari*?« wiederholte Indy.

»Wie aufregend!« meldete sich nun auch Miss Seymour zu Wort. Trotz der ruhigen Nacht hatte ihr Gesicht noch immer nicht seine gesunde Farbe zurückgewonnen. Sie war nach wie vor ziemlich blaß um die Nase. »Aber ich muß an Ihren guten Willen appellieren, Mr. Medlicot, und Sie bitten, ob wir nicht etwas später oder vielleicht sogar morgen erst losfahren können. Sehen Sie, ich habe mir unterwegs den Magen verdorben ...«

»Tut mir leid, Ma'am, aber wir haben den strikten Befehl aufzubrechen, sobald Sie ankommen«, entgegnete Medlicot. »Ich habe bereits für uns alle Fahrkarten auf der Nairobi-Eisenbahn gelöst und bereitlegen lassen.«

»Wir haben also einen Befehl, wie schön«, bemerkte Miss Seymour mit grimmiger Miene und reckte entschlossen ihr Kinn vor. »Ich hatte bisher den Eindruck, daß wir Gäste sind und keine bezahlten Helfer.«

»Natürlich, Ma'am, können Sie genauso verfahren, wie Sie wollen«, lenkte Richard Medlicot seufzend ein. »Allerdings weiß ich nicht, wie ich das Teddy erklären soll.«

»Nun, vielleicht wird dieser ominöse ›Teddy‹ es durchaus verstehen, daß es zu den Grundregeln des Anstands gehört, erst einmal zu fragen«, beharrte Miss Seymour auf ihrem Protest.

Indy hatte etwas gehört, wozu er Genaueres wissen wollte.

»Warten Sie, Mr. Medlicot«, ergriff er das Wort. »Welchen Teddy meinen Sie denn?«

Medlicot hatte sich ein paar Schritte entfernt und stand nun in der Haustür, die Hand auf dem Türknauf. Er tat so, als wäre ihm gerade erst eingefallen, daß jemand eine Frage gestellt hatte, blickte lässig über die Schulter nach hinten und sagte: »Roosevelt, natürlich. Und jetzt paßt gut auf, Leute, meine Diener werden Ihnen Ihre Zimmer zeigen. Beeilen Sie sich mit dem Frischmachen und dem Umziehen. Ich erwarte Sie in genau fünfundzwanzig Minuten hier draußen. Bitte seien Sie pünktlich, sonst versäumen wir den Zug.«

Mit diesen Worten verschwand Medlicot im Haus, um selbst auch noch letzte Vorbereitungen zu treffen.

»Roosevelt...«, murmelte Miss Seymour halblaut vor sich hin und zupfte mit den Fingern nervös an ihren Haaren herum, um lose Strähnen in den Knoten zurückzustopfen. »Also nein, ich hätte doch niemals gedacht... o mein Gott...«

Auch Indy bekam den Mund nicht mehr zu. Er hatte auf dieser Reise schon eine Menge berühmter Leute kennengelernt und sehr viele verrückte Dinge getan. Doch dies hier war etwas völlig anderes. Die Vorstellung vom vergangenen Abend geisterte wieder durch seine Phantasie: Er sah sich durch den glühendheißen afrikanischen Busch schleichen, ein Gewehr schußbereit in der Hand, entschlossen, es mit den furchtbarsten Menschenfressern der Welt aufzunehmen. Und gleich neben ihm befand sich, genauso wachsam, genauso vom Jagdfieber gepackt, der größte lebende amerikanische Held.

»Rauf mit dir!« sagte Richard Medlicot und hob Indy auf eine lange, gepolsterte Sitzbank, die vor dem Kessel der Lokomotive angebracht war.

»Vielen Dank«, sagte Indy, obgleich er die Hilfe nicht gebraucht hätte.

»Ist das nicht ein bißchen gefährlich?« erkundigte sich Professor Jones. »Ich meine, was geschieht, wenn die Sitzbank sich löst, während der Zug in voller Fahrt ist?«

»Sag bloß, du bist auf deine alten Tage ängstlich geworden, Henry«, erwiderte Richard Medlicot grinsend. »Vielleicht sollte Miss Seymour deinen Platz einnehmen. Deine Frau mußte sie auf ihrem Platz im Personenwagen praktisch festbinden.«

»Na ja, weißt du, ihr Magen, und so...« Henry Jones räusperte sich.

»Teddy hat sich diesen Sitz eigens für sich und seine Begleiter bauen lassen.« Richard Medlicot lachte, während er selbst auf die Bank kletterte. »Und diese Burschen sind nicht gerade ausgesprochene Federgewichte. Komm schon hoch.«

Während Professor Jones es sich neben Indy bequem machte, gab Medlicot dem Lokführer über die Schulter ein Zeichen.

Mit einem lauten Pfeifen und einem schweren, mühsamen Stampfen der Kolben geriet der Zug ganz sacht ins Rollen und fuhr in gemächlichem Tempo durch die Ausläufer von Medlicots Plantage. Als er allmählich an Geschwindigkeit gewann, spürte Indy, wie die warme, trockene Luft seine Wangen massierte. Links von ihm schwankten Kaffeebäume im Fahrtwind des Zuges.

»Juuuu-huuuuhh!« rief der Zehnjährige ausgelassen.

»Haltet die Augen offen!« brüllte Richard Medlicot gegen das Getöse der Lokomotive und des Fahrtwindes an. »Wir kommen gleich ins südliche Wildreservat!«

Sie brauchten gar nicht lange zu warten, um selbst feststellen zu können, daß der Name Wildreservat zutreffend war. Ein Stück voraus stand eine Herde Zebras, die gelassen dem Zug entgegensahen.

Pfiiiii-uuuuh! Beim Klang der Dampfpfeife rannten die Tiere plötzlich los. Indy verfolgte staunend, wie sie in einem weiten Bogen abschwenkten, als der Zug sie einholte. Mit donnernden Hufen galoppierten sie auf einen dichten Wald am Fuß eines Berges in der Ferne zu und scheuchten dabei einen ganzen Schwarm großer Vögel mit orangefarbenen Federbüschen auf dem Kopf auf. Während der Staub sich legte, entdeckte Indy eine Familie grauer, rattenähnlicher Lebewesen, die umhersprangen wie winzige Känguruhs.

»Außerordentlich!« sagte Professor Jones. »All dieses Leben, diese wilden Tiere – und kein Anzeichen einer menschlichen Ansiedlung.«

Richard Medlicot nickte. »Der Garten Eden!« rief er stolz.

»Ja ja, komplett mit Eisenbahn!« kommentierte Indy trocken.

»Hah!« machte Richard Medlicot und krümmte sich, als hätte ihn eine Kugel erwischt. »Das traf genau ins Schwarze, junger Mann!«

Indy lachte, wie berauscht vor Freude, und ließ seine Blicke über die Landschaft rechts und links der Bahngleise schweifen. Das Grasland war stellenweise mit Busch- und Baumgruppen bewachsen.

Eine Bewegung in der Ferne erregte seine Aufmerksamkeit. Der Junge kniff die Augen zusammen und erkannte eine kleine Herde Gazellen. Die Tiere schienen sogar auf diese Entfernung das Herannahen des Zuges bemerkt zu haben und befanden sich offensichtlich auf der Flucht. Sie bewegten sich mit weiten, hohen Sprüngen durch die Landschaft. Bei jedem Sprung sah es so aus, als schwebten sie für einen kurzen Moment reglos in der Luft, als könnten sie tatsächlich fliegen. Vor dem Hintergrund des schneebedeckten Kilimandscharo am Horizont, der majestätisch auf die Landschaft herabschaute, war dies ein Anblick von unvergleichlicher Eleganz.

In diesem Moment fühlte Indy sich wie eine dieser Gazellen – frei und ungebunden.

Ungefähr eine Stunde später veränderte sich die Landschaft. Kleinere und größere Hügel wölbten sich aus der Ebene empor, Büsche und Bäume wurden zahlreicher. Die Gleise machten stellenweise das Auf und Ab des Geländes mit, und der Zug verlangsamte manchmal auf den ansteigenden Abschnitten seine Fahrt so stark, daß man mühelos zu Fuß hätte nebenher laufen können.

Schließlich erreichte der Zug den Scheitelpunkt der Strecke. Vor den Passagieren der Lokomotive breitete sich ein Panorama aus, wie man es vielleicht schon in der Urzeit, noch vor der Entstehung des Menschen, hatte betrachten können.

Zebras und Gnus wanderten einträchtig nebeneinander grasend über die freien Flächen. Vereinzelte Baumwipfel schwankten heftig, obgleich kein nennenswerter Wind wehte. Indy brauchte einige Sekunden, um die Ursache dieser Unruhe zu entdecken: Eine Giraffenfamilie, zwei Elterntiere und ein Junges, holte sich die saftigsten Zweige aus den Baumkronen. Dabei zogen die erwachsenen Exemplare besonders wohlschmeckende Zweige so tief wie möglich herunter, damit das Jungtier sich ebenfalls seine Portion abreißen konnte.

Indy war sprachlos vor Staunen. Sicher, er lebte schon seit Monaten aus dem Koffer, konnte sich kaum mehr an sein Zuhause in Amerika erinnern, und er hatte auch keine Freunde oder Spielkameraden, die er täglich treffen konnte. Aber welcher Zehnjährige hatte schon das unglaubliche Glück, derartige Schauspiele in freier Natur beobachten zu dürfen? Nein, in diesem Moment wollte Indy mit keinem Gleichaltrigen tauschen.

Nachdem die Strecke wieder leicht bergab führte, verlangsamte der Zug seine Fahrt, und eine kleine Bahnstation kam in Sicht. Auf einen fragenden Blick Indys hin nannte Richard Medlicot ihm den Namen der Gegend, durch die sie gerade fuhren: Rift Valley.

Als Indy das Holzgebäude des Bahnhofs und die windschiefen Bauten einer Poststation und eines Ladens mit dazugehörigem Pferdestall betrachtete, fühlte er sich an Bilder aus dem sogenannten Wilden Westen seiner Heimat Amerika erinnert. Fast rechnete er damit, daß jeden Moment ein Cowboy mit breitkrempigem Hut und einem Colt im Lederhalfter aus einem der Hauseingänge heraustrat. Statt dessen liefen einige Einheimische aus einem nahegelegenen

Dorf herbei. Erst jetzt konnte Indy die kleinen Hütten der Menschen zwischen den Bäumen eines kleinen Wäldchens erkennen.

Richard Medlicot gab seinen Gefährten auf der Lokomotive das Zeichen, abzusteigen. Dann lief er am Zug entlang bis zum Personenwagen und teilte den beiden Frauen und einigen Trägern von der Plantage mit, daß sie an ihrem Ziel angelangt seien. Anschließend verschwand er in dem Laden, wo er kurz mit dem Inhaber verhandelte, einem Engländer mit wettergegerbter Haut und fröhlich blitzenden blauen Augen.

Kurz darauf kamen die beiden Männer gemeinsam aus dem Laden heraus und gingen in den Pferdestall. Als sie nach einiger Zeit wieder auftauchten, führte Richard Medlicot zwei gesattelte Pferde neben sich her. Er winkte Indy zu sich und drückte ihm die Zügel des einen Tieres in die Hand. »So wie ich deinen Vater von früher kenne«, bemerkte er lächelnd, »hat er dir das Reiten wahrscheinlich schon beigebracht, ehe du laufen konntest. Jetzt kannst du zeigen, was du gelernt hast.«

Indy schaute etwas hilflos zu den Steigbügeln hinauf. Sie waren so weit vom Erdboden entfernt, daß er sie kaum mit den Händen erreichte. Wie sollte er es dann schaffen, einen Fuß hineinzusetzen?

Als hätte Medlicot seine Gedanken gelesen, packte er Indy unter den Armen und setzte ihn kurzerhand in den Sattel. Während Indy mit den Füßen nach den Steigbügeln angelte, die offensichtlich bereits im Stall auf seine Körpergröße eingestellt worden waren, verfolgte er, wie der englische Ladenbesitzer mit galanter Geste den beiden Frauen und seinem Vater in einen leichten Zweispänner half. Dann reichte er dem Professor die Zügel sowie eine Peitsche und schien ihm etwas zu erklären. Dabei zeigte er auf die Pferde und demonstrierte dem amerikanischen Wissenschaftler, wie man an den Zügeln ziehen mußte.

Zur gleichen Zeit luden die Träger von der Plantage das Gepäck der Weißen aus. Sie formierten sich hinter dem Zweispänner, und mit Richard Medlicot und Indiana Jones an der Spitze setzte sich die kleine Expedition in Bewegung. Das Ziel war Theodore Roosevelts Safaricamp.

Nachdem sie sich etwa eine Stunde lang durch ziemlich unwegsames Gelände gekämpft hatten, wies Medlicot auf einen steilen Hügelwall vor ihnen. »Ich glaube, das Lager befindet sich auf der anderen Seite dieser Erhebung.«

Indy konnte es gar nicht mehr erwarten. Er trieb sein Pferd an und ritt ohne zu zögern weiter.

»Junior! Nicht so schnell!« rief der Vater.

Doch Indy tat, als hätte er nichts gehört, und jagte den steilen Abhang hinauf. Als er oben ankam, zügelte er jedoch sein Pferd. Unter ihm fiel das Gelände sanft ab bis zu einem leicht erhöhten Bergrücken, der wie eine Kanzel wirkte, von der aus man einen ungehinderten Blick über das anscheinend grenzenlose Grasland hatte.

Auf dem Bergrücken standen ungefähr zwanzig Zelte, die eine richtige kleine Stadt bildeten. Es gab mehrere große strohgedeckte Hütten ohne einengende Seitenwände. Eine davon sah mit ihren langen Tischen und den Stuhlreihen davor aus wie ein Speisesaal.

Dutzende von dunkelhäutigen Einheimischen liefen umher, schleppten Tierfelle oder mühten sich mit irgendwelchen Ausrüstungsgegenständen ab. Andere saßen an Tischen und reinigten Gewehre, wieder andere versorgten die Pferde oder bereiteten Essen zu. Einige trugen Hemden und Hosen nach westlichem Vorbild, doch viele waren halbnackt oder hatten sich in einfache lange Umhänge gehüllt. In der Nähe eines der größeren Zelte waren einige Weiße in eine hitzige Diskussion vertieft.

»Donnerwetter…« – das war alles, was Indy in diesem Moment herausbrachte.

»Siehst du die drei kleinen Zelte auf der rechten Seite?« erklang Richard Medlicots Stimme direkt hinter ihm.

»Hmmm«, sagte Indy.

Der Plantagenbesitzer hielt sein Pferd dicht neben dem Jungen an. Ein verschmitztes Lächeln spielte um seine Lippen. »Wer als letzter dort ankommt, ist ein lahmes Gnu!« Dann raste er mit einem lauten »Yippiiieeeh!« den Berghang hinunter.

»Los, hol ihn ein!« rief Indy mit heller Stimme seinem Pferd ins Ohr und bohrte seine Fersen in dessen Flanken. In einer dichten Staubwolke galoppierten die beiden Tiere auf die Zelte zu, während ihre Reiter johlten und ausgelassen lachten.

Richard Medlicot gewann das Wettrennen um Nasenlänge. »Du hast aber gute Reflexe, mein Junge!« rief er anerkennend.

»Vielen Dank, Sir!« antwortete Indy. »Aber wo ist denn Präsident Roosevelt?«

»Das versuche ich in Erfahrung zu bringen, während du auspackst«, antwortete der Freund von Indys Vater. »Zunächst einmal kannst du dir als erster dein Zelt aussuchen.«

Indy schaute sich prüfend um und führte sein Pferd schließlich zu einem der leeren Zelte, deren Eingänge offen standen. Es dauerte nicht lange, und seine Eltern und Miss Seymour trafen ebenfalls im Camp ein. Die Träger folgten ihnen etwas später und verteilten das Gepäck der Reisenden auf die jeweiligen Zelte, die sie sich als vorübergehendes Zuhause ausgesucht hatten.

Nun rief Richard Medlicot die Träger zusammen und bestimmte einen von ihnen für den Heimweg zum Anführer. Er erklärte ihnen, sie sollten mit den beiden Reitpferden und dem Zweispänner zur Bahnstation im Rift Valley zurückkehren und von dort aus mit dem nächsten Gegenzug zur Plantage zurückfahren.

Währenddessen holte Indy sich seinen Koffer und rannte damit in sein Zelt, um seine Kleider und Bücher auszupacken. Kurz nach ihm erschien Miss Seymour. Ihr Gesicht war gerötet und glänzte vor Schweiß. Stirnrunzelnd begann sie, Indys Siebensachen zu ordnen.

»Beruhige dich, Henry«, sagte sie. »Überstürze nichts. Die Wildnis da draußen existiert schon seit Millionen Jahren. Sie wird bestimmt nicht verschwinden, während du auspackst.«

»Aber ich will Mr. Roosevelt sehen! Er ist der beste von allen – Präsident, Boxer, Jäger...«

»Und er ist nicht vor Sonnenuntergang zurück«, unterbrach Miss Seymour den Jungen.

»Woher wissen Sie das?«

»Ich weiß es.«

»Los, sagen Sie schon... Wer hat es Ihnen verraten?«

»Ich weiß es eben«, erklärte Miss Seymour mit Nachdruck. Ihr Ton machte deutlich, daß dieses Thema für sie erledigt war.

Indy ergab sich widerwillig in sein Schicksal. »Na schön... Dann mache ich eben etwas langsamer weiter.«

Miss Seymour betrachtete ihren Schüler kopfschüttelnd. »Wenn ich es mir recht überlege«, bemerkte sie tadelnd, »finde ich, daß Mister Medlicots burschikose Art auf dich einen sehr schlechten Einfluß ausübt, Henry...«

Unterdessen war von Miss Seymour und Indy unbemerkt ein Schatten im Zelteingang aufgetaucht. Als der Junge sich umwandte, um auf Miss Seymours Bemerkung etwas zu erwidern, entdeckte er Mr. Medlicot, der ein Stück vorgetreten war und nun halb im Zelt hinter Miss Seymour stand. Miss Seymour drehte sich um, sah ihn und lächelte verlegen.

Mit einem betont unschuldigen Grinsen fragte Medlicot: »Sag mal, Indy, hast du Lust, dir das Lager anzusehen, bis Roosevelt und seine Männer zurückkommen? Soweit ich gehört habe, sind sie heute schon sehr früh aufgebrochen. Sie werden nicht allzu spät zurückerwartet.«

Indy ließ sofort alles fallen, was er gerade in den Händen hielt, und war schon halb zum Zelteingang hinausgerannt. »Aber klar, Sir« rief er ihm über die Schulter zu.

»Henry!« erhob Miss Seymour nun ihre Stimme. »Mach dich und andere nicht verrückt! Wenn du weiter so herumrennst, holst du dir am Ende noch einen Sonnenstich.«

Nachdem Indy zwischen den Zelten verschwunden war, zögerte Richard Medlicot noch einen Moment, dann tippte er sich mit dem Zeigefinger grüßend gegen die Hutkrempe.

»Machen Sie sich keine Sorgen, Miss Seymour«, sagte er beschwichtigend. »Ich glaube, ich schaffe es schon, ihn etwas zu bremsen.«

Helen Seymour verdrehte die Augen. »Da bin ich aber beruhigt«, sagte sie und gab sich keine Mühe, den ironischen Unterton in ihrer Stimme zu verbergen. Und als der Plantagenbesitzer ebenfalls das Zelt verlassen hatte, murmelte sie: »Womit wieder mal der Bock den Gärtner spielen dürfte...«

3

Der große Augenblick

Die Sonne hatte sich merklich dem Horizont im Westen genähert, und ihre Strahlen hatten an Kraft verloren. Dafür gab sie ein ganz eigentümliches Licht von sich, in dem alle Konturen einen goldenen Schimmer bekamen.

Indy und Richard Medlicot schlenderten durch das Camp und gingen auf eine Gruppe von Einheimischen zu, die soeben damit beschäftigt waren, Salzsäcke zu einem anderen Platz zu schleppen. Schweißperlen glänzten auf der ebenholzschwarzen Haut der Männer, und sie hatten ein Lied angestimmt, zu dessen Rhythmus sie ihre Arbeit erledigten. Indy fragte sich, was diese Mengen an Salz zu bedeuten hatten. Sicherlich waren die Säcke nicht für die Küche bestimmt, denn man hätte eine ganze Armee damit versorgen können.

Hinter den Salzträgern befand sich ein großes Zelt, dessen Eingangsplane weit zurückgeschlagen war. Das Gekreisch und Gezwitscher zahlreicher Vögel drang nach draußen, und dazwischen war der Klang einer männlichen Stimme zu vernehmen.

»Ja... Dieses Exemplar sieht wirklich gut aus. Keine Verletzungen im Kopfbereich und im Gesicht...«

Indy und Medlicot betraten das Zelt, die Stimme redete weiter.

»Genau durch die Lunge und die Wirbelsäule, so wie ich es am liebsten habe! Eigentlich schade um ihre Jungen, allerdings werde ich eines für die Ausstellung präparieren...«

Das Vogelgezwitscher hatte an Lautstärke zugenommen, und Indy konnte nun auch erkennen, welchen Ursprung es hatte. Auf einem besonders breiten und langen Klapptisch war eine Wand aus Vogelkäfigen aufgebaut worden, jeder von ihnen etwa so groß wie drei aufeinandergestellte Zigarrenkisten und mit zwei, zum Teil sogar mit drei oder vier Vögeln besetzt.

Vor dieser Wand aus Vogelkäfigen saß ein Mann in Safarikleidung am Tisch. Er war in ein Buch vertieft, das, wie Indy beim Näherkommen erkennen konnte, gezeichnete Darstellungen von verschiedenen Vögeln enthielt. Der Unbekannte war derart in seine Arbeit vertieft, daß er nicht einmal aufschaute, als die beiden Besucher an ihm vorbeigingen.

Diese interessierten sich im Augenblick jedoch ohnehin viel mehr für einen anderen Tisch, hinter dem die schwarzen Helfer die Salzsäcke aufstapelten. Der Chef an diesem Platz war ein hochgewachsener Mann, der eine Schürze umgebunden hatte, wie Indy sie von Metzgern kannte. War dies etwa doch das Küchenzelt?

Dann lichtete sich die Gruppe der Träger, die sich an dem Tisch vorbeidrängte, und Indy konnte erkennen, womit dieser Weiße sich beschäftigte. Er bückte sich gerade, um den Kopf einer teilweise gehäuteten Löwin zu untersuchen. Als er Indy und Richard Medlicot bemerkte, richtete er sich auf, um sie zu begrüßen.

Medlicot schüttelte ihm die Hand und sagte: »Na, Heller, was macht die Kunst? Ich möchte Sie mit Henry Jones Junior bekannt machen, dem Sohn von Professor Jones...«

Indy trat vor. »Es freut mich, Sie kennenzulernen, Mr. Heller.«

Heller streckte eine Hand aus, und Indy ergriff sie

ohne lange nachzudenken. Plötzlich spürte er etwas Klebriges zwischen seinen Fingern. Er schaute genauer hin, und ein Würgen stieg in seiner Kehle hoch: Seine und die Hand des Mannes waren voller Blut! Indy schluckte krampfhaft.

Richard Medlicot, der dieses Intermezzo offenbar mitbekommen hatte, grinste verhalten und fuhr mit der Vorstellung fort.

»Genauso wie Loring da drüben, der auf der Suche nach unbekannten Vogelarten ist, gehört auch Heller zum wissenschaftlichen Team des Smithsonian Institute...«

Von diesem Institut hatte Indy schon eine Menge gehört. Es war unter anderem eine Art Naturkundemuseum, in dem man Tiere aus unzähligen Ländern betrachten konnte.

»Er ist Tierpräparator«, erklärte Medlicot, »und bereitet die einzelnen Proben für den Transport in die Vereinigten Staaten vor...«

»Tierpräparator?« fragte Indy und schaute sich suchend nach einem sauberen Putzlappen um. Heller, der seine Not erkannt hatte, reichte ihm einen größeren Stoffetzen. »Heißt das, Sie stopfen diese Tiere aus?«

Heller nickte. »Richtig geraten, junger Mann. Die einzelnen Organproben werden in Salz eingepackt, um ihnen soviel Feuchtigkeit wie möglich zu entziehen. Auf diese Art und Weise überstehen sie die lange Reise in unsere Heimat.«

Heller grinste. Was jetzt kam, schien ihm besonderes Vergnügen zu bereiten. »Meine eigentliche Arbeit beginnt allerdings erst dann. Ich baue aus Gips und einem Holzgerüst ein lebensgroßes Modell des Körpers, über das ich anschließend das Fell des Tieres ziehe. Danach folgt die Feinarbeit, um dem Ganzen ein möglichst lebensechtes Aussehen zu verleihen.

Wenn du das nächste Mal in ein Museum gehst und einem Löwen ins tote Auge blickst«, schloß Heller seinen kleinen Vortrag, »kannst du an mich und meine blutigen Hände denken ...«

Indy nickte krampfhaft. Er dachte nur daran, wie er schnellstens wieder nach draußen kommen konnte. Denn mittlerweile stieg ihm der penetrante Blutgeruch des Löwenkadavers in die Nase. Richard Medlicot zwinkerte dem Tierpräparator zu und erlöste Indy von seinen Qualen, indem er sich umwandte und zum Zeltausgang schritt. Draußen musterte er seinen jungen Begleiter prüfend.

»Und wohin jetzt?« erkundigte er sich.

Indy brachte nur ein mattes Abwinken zustande. »Mir egal. Nur irgendwohin, wo ich kein Blut sehen muß.«

»Na, dann wollen wir doch mal sehen, ob es in der Lagerkantine etwas gibt, womit ein junger Forscher seinen Durst stillen oder sich stärken kann.«

Indy lächelte dankbar und folgte dem Plantagenbesitzer zu der Hütte mit den langen Tischen, die er bereits vom Berghang aus gesehen hatte.

Professor Jones saß an einem Tisch vor dem Zelt, das er und seine Frau während der nächsten Tage bewohnen sollten. Indys Vater nutzte die relative Ruhe, die während der Abwesenheit Theodore Roosevelts im Camp herrschte, um sich auf die nächsten Vorträge seiner Reise vorzubereiten. Er hatte sich einige Unterlagen aus seinem Gepäck zusammengesucht und machte sich Notizen.

Das Plätschern von Wasser, ein in dieser Umgebung ziemlich ungewöhnliches Geräusch, und leiser Gesang störten seine Konzentration. Jones schaute hoch und ließ seine Blicke durch das Camp schweifen.

Ein kleines Stück abseits von den Wohnzelten entdeckte er eine gleichermaßen seltsame wie auch sinnreiche Konstruktion. Auf einem Gerüst, etwa zwei Meter fünfzig hoch über der Erde, stand ein ziemlich großes Faß. Vor diesem Gerüst hatte man einen Gestellrahmen errichtet und durch entsprechend aufgespannte Planen zwei Duschkabinen geschaffen. Das Wasser kam aus dem Faß, das offenbar von einheimischen Helfern regelmäßig aufgefüllt wurde.

In einer der Duschkabinen stand Anna Jones und genoß die Erfrischung nach der Tageshitze. Dabei summte sie gedankenverloren eine Melodie vor sich hin und achtete nicht auf ihre Umgebung.

Plötzlich grinste Henry Jones, denn er hatte eine Idee, die er sofort in die Tat umsetzen mußte. Er erhob sich von seinem Klappstuhl und verschwand hinter dem Zelt. Er konnte sich erinnern, wo das große Faß stand, aus dem der Koch, wie ihm erklärt worden war, das Wasser zum Zubereiten der Mahlzeiten holte. Daneben mußte auch ein Eimer stehen.

Als Professor Jones sich der Hütte mit der Küche näherte, sah er, daß seine Erinnerung ihn nicht getäuscht hatte. Mit einem Finger testete er die Wassertemperatur – für diese Breiten eiskalt.

Indys Vater nahm den Eimer und tauchte ihn in das Wasser. Etwa dreiviertelvoll zog er ihn wieder heraus und schlich damit zu den Duschkabinen. Der Gesang war mittlerweile verstummt, aber das Plätschern des Wassers und die beiden bis zu den Waden nackten Füße, die man unterhalb der Seitenwand der Kabinen sehen konnte, verrieten ihm, daß seine Frau noch drinnen war.

Henry Jones schaute sich vorsichtig um. Niemand schien ihn zu bemerken. Es wäre ihm auch etwas peinlich gewesen, bei einem Lausbubenstreich ertappt zu werden. Vor allem sein Sohn durfte davon nichts mitbekommen. Aber die Gelegenheit war einfach zu verlockend... Schließlich packte er den Eimer fester am Henkel und mit der anderen Hand am Boden und richtete sich vorsichtig auf. Seine Frau kehrte ihm den Rücken zu. Er sah ihre Duschhaube vor sich. Sie war gerade dabei, sich die Arme abzuwaschen.

Allein bei der Vorstellung, wie ihr Gesicht aussehen würde nach diesem unerwarteten Wasserguß, hätte er beinahe schallend losgelacht. Er hob den Eimer hoch... Die Duschhaube, denn mehr sah er nicht, drehte sich langsam. Jetzt oder nie!

Plötzlich durchzuckte ihn ein eisiger Schreck, und die strafenden Blicke aus zornfunkelnden Augen, die ihn jetzt trafen, ließen ihn vor Scham beinahe im Erdboden versinken.

»Henry! Professor Jones! Wie darf ich Ihr Verhalten verstehen?«

Zutiefst zerknirscht stand der weltberühmte Wissenschaftler Helen Seymour gegenüber, seiner Tutorin aus seligen Studienzeiten. Wie war sie nur in die Kabine gekommen? Wie konnte er sich nur so getäuscht haben?

»Aber... ich... Verzeihung... ich... wußte nicht...«, stammelte er hilflos. Der Wassereimer in seiner Hand war plötzlich bleischwer.

Völlig verunsichert irrten seine Blicke durchs Camp und blieben am Eingang seines Zeltes hängen. Dort konnte er gerade noch sehen, wie seine Frau, in ein großes Badelaken gehüllt, im Innern verschwand. Offenbar hatte es unter der Dusche einen fliegenden Wechsel gegeben, ohne daß er etwas davon bemerkt hatte.

»Miss Seymour, entschuldigen Sie. Es war ein Irrtum... Es ist doch gar nichts passiert... Lassen Sie sich nicht stören...«

Kopfschüttelnd musterte die Engländerin ihren ehemaligen Schüler. Auch wenn sie nur mit einer Duschhaube bekleidet war, strahlte sie doch immer noch eine Autorität aus, so daß Indys Vater sich vorkam wie ein kleiner Junge, den man beim Naschen erwischt hatte.

Peinlich, peinlich!

»Lassen Sie sich nicht aufhalten, Professor«, sagte Miss Seymour mit ihrer strengsten Stimme. »Und lassen Sie sich von mir einen Rat geben: Halten Sie sich stets im Schatten auf, sonst bekommen Sie einen Sonnenstich. Ich hoffe nur, daß mein Rat nicht zu spät kommt...«

»Jawohl, Miss Seymour«, murmelte Professor Jones, ehe er sich mit schnellen Schritten entfernte. Dabei konnte er es sich gerade noch verkneifen, vor dieser Frau zu salutieren wie ein Soldat, der soeben seine Befehle erhalten hat...

Nachdem Indy in der Kantinenhütte etwas Kaltes getrunken hatte, mußte Richard Medlicot ihn für einige Zeit »sich selbst überlassen«, wie er es ausdrückte. Indy war das nur recht. Nachdem er sich mit Hilfe Medlicots einen allgemeinen Überblick über das Lager verschafft hatte, brannte er darauf, allein auf Erkundungstour zu gehen.

Zuerst einmal mußte er sich die Hände gründlich waschen. Denn mit dem Lappen, den Heller ihm zugeworfen hatte, hatte sich das Blut nicht vollständig abwischen lassen, und die schwarzroten Flecken in seinen Handflächen störten ihn gewaltig. Außerdem glaubte er, daß der Blutgeruch ihn umgab wie eine unsichtbare Wolke.

Von einem Einheimischen, der ein paar Worte Englisch beherrschte, ließ er sich erklären, wo er Wasser finden könne. Dazu suchte er das kleine Gatter auf, in dem die Pferde der Safarimannschaft gehalten wurden. Dort fand er einige Eimer, die zum Futter- und Wasserholen für die Tiere bestimmt waren. Einer von ihnen war noch halbvoll, und Indy tauchte dankbar seine Hände hinein.

Während des Händewaschens betrachtete der Zehnjährige neugierig seine Umgebung. Hinter einem Felswall erstreckte sich das auf dieser Seite wieder ebene Grasland bis zum Horizont. Unterbrochen wurde das flache Gelände nur durch ein kleines Wäldchen in knapp einem Kilometer Entfernung – nicht mehr als eine Handvoll Bäume, die allerdings von dichtem Buschwerk und üppigem Elefantengras umgeben waren. Zwischen den Büschen konnte Indy undeutlich dunkle buckelförmige Schatten erkennen. Er zählte insgesamt acht Stück dieser Gebilde, die ihn an Hütten oder Zelte erinnerten.

Wahrscheinlich lag dort das Dorf, aus dem der größte Teil der Einheimischen stammte, die an der Safari als Helfer und Träger teilnahmen. Es handelte sich fast ausnahmslos um Massai, deren Haut besonders dunkel war und die sich durch eine überdurchschnittliche Körpergröße auszeichneten. Die Massai hatten einen legendären Ruf als überaus tapfere Krieger und hervorragende Jäger. Kein Wunder, daß Präsident Roosevelt Männer dieses Stammes zu seiner Safari geholt hatte.

Die Verlockung, dieser Siedlung einen Besuch abzustatten, war unwiderstehlich. Indy sah verstohlen über die Schulter zurück ins Camp. Er konnte zwar Richard Medlicots Stimme hören, den Freund seines Vaters aber nicht sehen. Der Plantagenbesitzer war wieder in das Zelt des Tierpräparators zurückgekehrt; auch Indys Eltern waren nirgendwo zu sehen, und Miss Seymour war offenbar damit beschäftigt, ihr Zelt wohnlich einzurichten.

Niemand würde ihn also im Moment vermissen. Jedenfalls so lange nicht, wie er brauchte, um zu dem seltsamen kleinen Dorf hinzurennen und es sich anzusehen. Außerdem war kein Mensch zugegen, der ihm einen solchen Abstecher hätte verbieten können.

Indy trocknete seine Hände an der Hose ab und entfernte sich mit schleichenden Schritten vom Lager. Er gelangte an den Rand der kleinen Hochfläche, auf der das Lager stand, und wollte gerade über die Kante klettern, als er unter sich einige Ziegen bemerkte. Die meisten lagen auf einem Grasstreifen und ließen sich von der Spätnachmittagssonne bescheinen, die anderen trotteten umher und suchten nach frischen Grasbüscheln, die noch nicht abgeweidet worden waren.

Irgendwo muß sich auch der Hirte dieser Herde aufhalten, dachte Indy. Während er sich zwischen zwei größeren Felsblöcken hindurchzwängte und über eine glatte Steinplatte abwärts rutschte, hielt er Ausschau. Doch erst, als er die Ziegenweide schon fast erreicht hatte, fand er auch den Gesuchten, der als winziger dunkler Schatten unter einer allein stehenden Tamariske kauerte.

Indy blieb stehen und schaute zu der Gestalt hinüber. Er konnte jetzt erkennen, daß es nur ein Junge war, sicher nicht viel älter als er selbst. Nun hob er eine Hand und winkte dem kleinen Schwarzen zu. Besser, man nimmt erst mal auf größere Entfernung Kontakt auf, dachte Indy.

Der kleine Hirte ließ sich nicht anmerken, daß er Indy entdeckt hatte. Er starrte unverwandt vor sich hin, beobachtete jedoch diesen weißhäutigen fremden Jungen aus den Augenwinkeln sehr genau.

Indy winkte erneut, und diesmal registrierte er auch eine Reaktion. Der junge Massai hob den Kopf und erwiderte das Winken. Indy winkte jetzt heftiger, und der Schwarze machte es ihm nach.

Daraufhin faßte sich Indy ein Herz und wollte gerade entschlossen zu dem Jungen hinlaufen, als hinter ihm eine laute Stimme erklang. »Henry, Henry!!! Sie sind zurück!« hörte er Miss Seymour aufgeregt rufen.

So schön die Nachricht für ihn auch war, konnte er eine leise Verärgerung nicht unterdrücken: Wann würde sie sich endlich angewöhnen, ihn Indiana oder wenigstens Indy zu nennen?

Der große Augenblick, auf den er so lange gewartet hatte, war also gekommen: Präsident Roosevelt und seine Jagdgesellschaft waren ins Camp zurückgekehrt, und er wollte einer der ersten sein, die ihn begrüßten.

Indy wandte sich um, kletterte den Weg hinauf, den er gerade heruntergekommen war, und rannte so schnell er konnte ins Lager zurück. Dort herrschte eine erwartungsvolle Unruhe. Die ersten einheimischen Träger waren bereits mit mehreren erlegten Tieren eingetroffen, und Indy erkannte schon von weitem Raubkatzenfelle und die zierlich geformten Hörner von Antilopen und Gazellen.

Richard Medlicot entdeckte seinen jungen Freund und gab ihm ein Zeichen.

»Henry! Hier drüben bin ich! Komm schnell her!«

Indy sah auch Helen Seymour, seine Mutter und seinen Vater, die von Richard mit den verschiedenen Jägern, die nach und nach im Lager eintrafen, bekannt gemacht wurden. Als er die Gruppe erreichte, wurde er sogleich von Richard in Empfang genommen.

»Henry, sieh mal, dies ist Frederick Selous, einer der Führer dieser Safari. Er hat sie geplant und ist außerdem einer der besten Großwildjäger Afrikas...«

Selous, ein sehr elegant und gepflegt wirkender

Mann mit graumeliertem Haar und einem verwegenen Seidentuch um den Hals, nahm seinen Hut ab und streckte Indy lächelnd eine Hand entgegen.

»Sehr angenehm, junger Mann«, sagte er mit sonorer Stimme.

»Es ist mir eine große Ehre, Sir«, erwiderte Indiana Jones und betrachtete ehrfürchtig das lange Gewehr, das an der Schulter des Jägers hing.

Nun tauchte ein junger Mann auf, der es offenbar sehr eilig hatte. Er klappte ein Stativ auseinander und stellte einen Fotoapparat auf. Während Selous zu dem jungen Mann hinüberging, beugte sich Medlicot zu Indy herab und erklärte ihm halblaut: »Das ist Kermit, Präsident Roosevelts Sohn ...«

Kermit hatte mittlerweile die Kamera auf dem Stativ befestigt und verschwand unter dem Tuch, das von der Rückseite des Apparats herabhing. Er visierte ein Gebüsch am Weg an, griff in einen Koffer und holte eine Metallpfanne auf einem Stock hervor. Aus einer Flasche schüttete er Magnesiumpulver auf die Pfanne und reichte sie Frederick Selous. Gleichzeitig hallte eine dröhnende Stimme durch das Lager.

»Bist du endlich fertig, Kermit? Kann ich kommen?«

Kermit Roosevelt kehrte hastig hinter seinen Fotoapparat zurück und winkte.

»Jawohl, Dad, es ist alles bereit!« antwortete er. »Du kannst losreiten!«

Indy starrte wie gebannt zu dem Busch, auf den die Kamera gerichtet war. Im Lager herrschte auf einmal Totenstille, die nur vom Geräusch dumpf klappernder Hufe unterbrochen wurde, die sich dem Lager näherten. Dann erschien ein Pferd, groß und kräftig, auf dem ein eher kleiner und untersetzter Mann saß. Der Reiter blinzelte mit zusammengekniffenen Augen durch dicke Brillengläser, wobei er so breit lächelte, daß man sogar seine Backenzähne sehen konnte. Unter seiner Safarikluft wölbte sich ein beachtlicher Bauch.

Eigentlich war dieser Mann eine eher unscheinbare Erscheinung, aber Indy hatte noch nie jemanden gesehen, der eine derartige Wirkung auf ihn ausübte. Dieser Reiter hatte eine ungeheure Ausstrahlung. Vor allem seine Augen beeindruckten Indy. In ihnen funkelte eine stets wache Intelligenz, aber man erkannte in ihnen auch den warmen Glanz aufrichtiger Güte. Alles in allem sah Theodore Roosevelt aus wie ein Mann ohne Angst und ohne die geringsten Selbstzweifel.

Mit einem lauten Knall explodierte das Blitzpulver und tauchte den ehemaligen Präsidenten der USA und alle Umstehenden in ein gleißendes Licht.

»Autsch, verdammt«, schimpfte Roosevelt lachend und blinzelte übertrieben. »Du warst bereit, aber *ich* war es nicht!«

Die Zuschauer brachen in schallendes Gelächter aus und applaudierten begeistert.

»Tut mir leid, Dad«, sagte Kermit, trat neben das Pferd und half seinem Vater beim Absteigen. »Hoffentlich bist du jetzt nicht völlig erblindet.«

»Blind bin ich«, sagte Roosevelt, während er sich ächzend aus dem Sattel wuchtete. »Aber nicht von deinem Feuerwerk, sondern vor Hunger. Sind unsere Gäste angekommen?«

»Ja, sie sind da«, bestätigte Kermit. »Hier sind Professor und Mrs. Jones, ihr Sohn Henry und Henrys Lehrerin, Miss Helga Seymour.«

»Helen«, korrigierte Miss Seymour den jungen Mann höflich.

»Das finde ich ganz prima.« Roosevelts Stimme klang ehrlich begeistert. Er schüttelte jedem die Hand und verkündete dann: »Es ist mir eine große Freude,

Sie alle hier begrüßen zu können. Sicherlich haben Sie Verständnis dafür, daß ich mich jetzt entschuldige, aber ich sterbe fast vor Hunger. Professor, es wäre mir eine Ehre, wenn Sie und Ihre Familie mir bei einem leckeren frischen Wildbraten Gesellschaft leisten würden. Und wenn ich ›Familie‹ sage, dann meine ich natürlich damit auch Sie, Miss Seaman.«

Helen Seymour reagierte in einer Weise, wie Indy es bei ihr noch nie zuvor erlebt hatte: Sie errötete! Und dann antwortete sie zu Indys totaler Verblüffung mit einem geradezu mädchenhaften Lächeln: »Die Ehre ist ganz meinerseits, Mr. President.«

»Das ist ja blendend.« Roosevelt schaute auf seine Armbanduhr. »Ich mache mich eben noch etwas frisch, und dann suche ich mir ein paar Freiwillige, die beim Lagerfeuer helfen.«

Nach diesen Worten eilte er zu einem großen Zelt, neben dem die amerikanische Flagge aufgepflanzt war. Indy musterte Miss Seymour von der Seite. Sie drückte und zupfte mit der Hand wieder an ihren Haaren herum, und ihre Augen ließen Theodore Roosevelt nicht los.

»Sie haben ihn ja noch nicht einmal verbessert«, stellte Indy fest. »Dabei hat er Sie Miss *Seaman* genannt.«

Die Engländerin zuckte zusammen, als erwachte sie gerade aus einem Traum, und sah Indy leicht verwirrt an. »Hat er das?« fragte sie. »Ich ... ich hab's überhaupt nicht bemerkt.«

Dann schritt sie zu ihrem Zelt, nun wieder unnahbar und streng wie immer. Indy wollte ihr noch etwas nachrufen, aber er verschluckte es. Für einen kurzen Moment hatte er wieder einmal eine ganz neue Seite an Miss Seymour entdeckt – eine schüchterne, unsichere, menschliche Seite. Und irgendwie gefiel ihm die ausgesprochen gut.

4
Am Lagerfeuer

An diesem Abend loderten an mehreren Stellen des Camps Lagerfeuer. Als jemand ein Stück Holz in die Flammen warf, um die Theodore Roosevelt und seine Gäste sich versammelt hatten, stoben Funken hoch.

Indy lauschte aufmerksam den Erklärungen des Ex-Präsidenten und erfuhr vieles, was er noch nicht gewußt hatte. Zum Beispiel, daß sie sich zur Zeit in einem Gebiet mit dem Namen Kapiti-Steppe aufhielten, das sich südlich von Nairobi befand. Oder daß – abgesehen von den Jagdhelfern, die aus dem Massaidorf stammten – die meisten Helfer Kikuyus waren und von der Ostküste Afrikas kamen. Sie waren sozusagen das Rückgrat der ganzen Safari und in fünf Gruppen unterteilt: Es gab Träger, die die erlegten Tiere ins Camp schafften; Askaris, das heißt Soldaten, die für den Schutz der Gruppe sorgten; Saises, die sich um die Pferde kümmerten; und schließlich noch Zelthelfer und Gewehrträger, denen die Wartung des Waffenarsenals oblag.

Die Abendmahlzeit war bereits beendet, aber Indys Hunger war noch immer nicht gestillt. Er kaute auf einem besonders wohlschmeckenden Stück Fleisch und lauschte den Berichten über die Ereignisse des Tages.

»Wie Sie selbst erkennen können«, fuhr Theodore Roosevelt fort, »befinden wir uns am Ende der Trokkenzeit, und das Land sieht entsprechend aus. Es gibt für uns so gut wie keine Deckungsmöglichkeit außer ein paar Euphorbien und einigen verkrüppelten Mimosenbüschen. Aber Kermit und ich haben heute trotzdem ein paar Tommies und Grants erwischt.«

»Wen?« fragte Indy mit vollem Mund.

»Thompsongazellen und Grantgazellen«, erklärte Kermit. »Viele Tiere in Afrika sind nach den Leuten benannt, die sie entdeckt haben.«

»Mm-hm«, kommentierte Indy und schob sich den nächsten Bissen in den Mund.

Roosevelt betrachtete den Jungen mit einem zufriedenen Lächeln. »Schmeckt's dir, Henry?«

Indy gab einen etwas erstickten Laut von sich und nickte. Das »Und wie!« war kaum zu verstehen.

»Henry!« sagte Mrs. Jones mit ihrer strengsten Stimme.

»Der Junge hat einen Appetit wie ein Großer«, stellte Roosevelt lachend fest. »Lang nur kräftig zu, junger Freund. Es war ein mutiges Tier. Du hättest mal sehen sollen, wie tapfer es sich gewehrt hat.«

Indy würgte beinahe. »Heißt das, dies gehört zur Beute des Tages?«

»Frischer kann Fleisch wohl nicht sein«, erwiderte der Ex-Präsident stolz. »Und es war außerdem noch eine der besser genährten Gnukühe, die wir aus der Herde herauspicken konnten.«

Eine Gnukuh? Indy kaute noch ein paarmal und schluckte das Fleisch dann herunter. Plötzlich kam es ihm irgendwie zäh und seltsam vor. Solange er nicht gewußt hatte, was er da aß, hatte es eigentlich ganz gut geschmeckt. Er blickte hoch und sah, daß Theodore Roosevelt ihn aufmunternd angrinste. Nachdem er das Lächeln ein wenig verkniffen erwidert hatte, spießte er mit der Gabel tapfer ein weiteres Stück Fleisch auf.

»Bei unserem Rundgang durch das Lager habe ich gesehen, daß Sie eine recht umfangreiche Bibliothek mitgebracht haben«, sagte Anna Jones, indem sie das Thema wechselte.

»Gute Bücher sind in dieser gottverlassenen Gegend mindestens genauso wichtig wie anständige Gewehre«, entgegnete Roosevelt. »Bedienen Sie sich ruhig – ich kann Ihnen Shakespeare, Shelley, Homer, Longfellow, Poe, Euripides und Dickens anbieten.« Dann wanderte sein Blick weiter zu Indy. »Außerdem Bret Harte und Mark Twain für das etwas jüngere Publikum. Eines habe ich jedoch vergessen, nämlich das Buch Ihres Mannes über Waffen des Mittelalters – allerdings habe ich es gelesen, ehe ich mich auf den Weg hierher machte. Ich muß schon sagen, Professor Jones, ein hervorragendes Werk.«

Henry Jones deutete eine leichte Verbeugung an.

»Vielen Dank, Sir. Ihr Lob ehrt mich, und ich freue mich, daß Ihnen meine bescheidenen Schilderungen gefallen haben. Sicherlich lesen Sie sehr viel, nicht wahr?«

Roosevelt hob die Schultern. »Eigentlich nicht annähernd so viel, wie ich es am liebsten tun würde. Hier schaffe ich höchstens ein Buch pro Tag. Medlicot deutete an, Ihre Vorlesungsreise stützt sich auf neuere Publikationen?«

Professor Jones nickte. »Genaugenommen sind es zwei Bücher, über die ich referiere. Eines behandelt den ritterlichen Ehrenkodex im Mittelalter, das andere beschäftigt sich mit dem Heiligen Gral...«

Die weiteren Ausführungen des Wissenschaftlers wurden unterbrochen durch Kermit Roosevelt, Heller, Richard Medlicot und Selous, zwischen denen ein heftiger Disput ausgebrochen war. Sie kamen ans Feuer und wandten sich gleich an den Ex-Präsidenten. Dabei zeigten sie ihm ein aufgeschlagenes Buch, das ziemlich alt zu sein schien und in Leder gebunden war. Wie Indy im flackernden Feuerschein erkennen konnte, trug es den Titel »Afrikanische Säugetiere«. Roosevelt studierte interessiert die aufgeschlagenen Buchseiten.

»Entschuldigen Sie bitte, daß wir unser Gespräch für einen Moment unterbrechen, Professor Jones«, sagte er.

Nun ergriff Heller das Wort.

»Wie Sie sehen, Sir, geht aus diesem Abschnitt hervor, daß dieses Gebiet hier einer der angestammten Lebensräume der Büschelohrantilopen oder auch Büschelohroryxe ist. Eigentlich müßte es hier Tausende von diesen Tieren geben.«

Indy hatte sich von seinem Platz erhoben und war um das Feuer herumgegangen, um ebenfalls in das Buch schauen zu können.

Roosevelt kratzte sich am Kopf. »Das ist aber seltsam.«

Fasziniert betrachtete Indy die Zeichnung dieses geheimnisvollen Tiers. Das erste, was ihm auffiel, waren die langen, spitz zulaufenden Hörner, die wie zwei Speere nach hinten zeigten und die Verlängerung des schlanken Kopfes bildeten. Der Körper auf den langen grazilen Beinen erinnerte an die hintere Partie eines Pferdes, besaß aber eine breite Brust, wie man sie eher bei einem Stier vermutet hätte. Entlang des Körpers verliefen schwarze Streifen und trennten die graue obere Partie von dem weißen Bauch. Die Streifen trafen sich vorne und schwangen sich zum Kinn hinauf. Dort teilten sie sich wieder und liefen zu den Ohren weiter. Ein weiterer schwarzer Streifen begann am Auge und reichte hinunter zum Maul. Er erinnerte an eine Tränenspur. Über der Nase war ein dunkler ovaler Fleck zu erkennen, und jeder Schenkel war mit einem schwarzen Ring gezeichnet. Als Krönung trug jedes Ohr ein kleines schwarzes Haarbüschel. Diese seltsame Ohrenform hatte den Tieren zu ihrem Namen verholfen: Büschelohrantilope.

Heller blätterte in dem Buch zurück und sah auf der ersten Seite nach.

»Moment mal«, sagte er dann. »Dieses Buch wurde immerhin schon vor zwanzig Jahren geschrieben...«

Frederick Selous winkte ab. »Das kann ja sein, aber in zwanzig Jahren stirbt doch keine Tierart aus. Und bisher haben wir kein einziges Exemplar dieser Art zu Gesicht bekommen. Es ist so, als wären sie plötzlich vom Erdboden verschluckt worden...«

»Ausgestorben sind sie sicher nicht«, entschied Theodore Roosevelt nachdenklich. »Das wäre ein Ding der Unmöglichkeit...«

»Es ist doch denkbar, daß sie nach Norden gezogen sind«, äußerte Selous eine Vermutung. »Immerhin wissen wir, daß sie trockene Gegenden bevorzugen.«

Da das Buch mittlerweile herumgereicht wurde, hatte auch Anna Jones Gelegenheit, einen Blick auf dieses wundervolle Tier zu werfen.

»Wie schön es ist«, bemerkte sie andächtig.

Roosevelt nickte. »Das ist es. Und es macht sich rar. Eigentlich sind wir nur wegen dieser Art überhaupt in diese Region gekommen. Und bisher war unsere Suche vergeblich. Wir haben nicht mal Spuren von diesen Oryxen gefunden.«

Plötzlich erklang ein rauhes, kehliges Knurren. *GRRRR...*

Alles verstummte.

In einem Gebüsch ertönte ein Rascheln. Indy schätzte die Entfernung auf knapp fünfzig Meter. *GRRRRRRRR...* Dann ein erneutes Knurren, diesmal schon etwas näher.

Helen Seymour faßte sich als erste. »Ich denke, das ist ein Löwe...«, sagte sie leise.

Theodore Roosevelt nickte stumm. Alle lauschten angespannt in die Dunkelheit. Es raschelte, dann knackte ein Zweig. Unter den einheimischen Helfern, die sich um die anderen Feuer geschart hatten, entstand Unruhe. Sie stimmten einen leisen Gesang an.

Helen Seymour lächelte nervös. »Wenigstens sind wir nicht allein und befinden uns unter sicherem Schutz«, versuchte sie sich selbst Mut zuzusprechen.

Frederick Selous räusperte sich. »Kein Jäger ist völlig sicher, Miss Seymour... Heute habe ich eine Löwin erlegt, deren Gefährte sich ganz in der Nähe aufhielt...«

»Ich versuchte, diesen Gefährten zu töten«, fiel Roosevelt ein, »aber unglücklicherweise habe ich ihn nur verwundet. Und einen angeschossenen Löwen sollten wir niemals unterschätzen...«

Er schaute zu Selous hinüber, der mittlerweile aufgestanden war und seine Blicke in die Runde schweifen ließ.

»Sie erinnern sich doch noch an Johnson, nicht wahr?« fragte Roosevelt.

Selous hob die Hände in einer abwehrenden Geste. »Teddy, ich bitte Sie. Sie glauben doch nicht etwa diese alte Geschichte, oder?«

Roosevelt ließ sich nicht beirren. »Von glauben kann keine Rede sein. Ich *weiß* es. Ich war schließlich dabei. Der Mann machte sich vor Angst fast in die Hose. Er baute sich sogar ein Baumhaus und glaubte, da oben wäre er sicher, aber eines Nachts kam die angeschossene Bestie ins Camp und holte ihn herunter! Wir konnten überhaupt nichts tun...«

Erneut erklang das Knurren des Löwen. Das Tier schien sich noch näher an den Lagerplatz herangewagt zu haben. Entweder war es ausgesprochen neugierig, oder die Raubkatze war verletzt und im Blutrausch.

Der Gesang der Schwarzen wurde lauter. Entweder handelte es sich um eine Art von Beschwörung, oder sie wollten sich damit beruhigen. Indy rutschte näher an seine Mutter heran und beobachtete, wie Selous ein in der Nähe liegendes Gewehr aufhob und prüfte, ob es geladen war.

Indy hatte die Augen vor Angst weit aufgerissen. Theodore Roosevelt entging die Reaktion seines jungen Gastes keinesfalls. Er versuchte, den Jungen abzulenken.

»Sag mal, Henry, weißt du denn schon, wie man schießt?«

Der Junge schüttelte den Kopf. »Nein, Sir.«

»Er ist doch erst zehn Jahre alt«, bemerkte Anna.

Roosevelt winkte ab. »Als ich zehn war, kannte ich mich bereits bestens aus mit Feuerwaffen. Weißt du was, mein Junge? Morgen gebe ich dir Schießunterricht!«

Annas Blick irrte ein wenig hilf- und ratlos zu ihrem Mann. Der Professor nickte unmerklich: Einem Präsidenten durfte man nichts abschlagen. Offenbar freute sich Roosevelt, einen so jungen Bewunderer zu haben.

Als Indy das Nicken seines Vaters sah, kam er sich vor wie im siebten Himmel. Diese Safari wurde immer aufregender. Er sah sich schon seinem Ziel, ein großer Jäger zu sein, um einiges näher. In dieser Nacht würde er sicherlich kein Auge zutun, so aufgeregt war er.

Etwa zwei Stunden später hatte sich allgemeine Stille auf das Lager herabgesenkt. Die Feuer waren heruntergebrannt, und nur der rote Schimmer der letzten Glut leuchtete noch durch die Nacht.

Henry Jones und seine Frau lagen wach in ihrem Zelt. Anna lauschte nach draußen auf die Geräusche der Wildnis. In der Ferne vernahm sie das gedämpfte Brüllen eines Löwen. Ihr Mann gab ein halblautes Antwortknurren von sich.

Anna Jones richtete sich halb auf, sah ihn kopfschüttelnd an und lächelte. »O Henry!«

Seine Hand tastete sich unter dem Moskitonetz hinüber zu ihrem Bett und suchte die ihre. Indys Mutter seufzte und ließ sich wieder zurücksinken. Sie hielt die Hand ihres Mannes fest und schloß die Augen...

Auch Indy lag hellwach in seinem Bett. Ihm war nicht ganz wohl in seiner Haut, und wenn er ganz ehrlich war, dann hatte er sogar richtige Angst. Wenn der Löwe in dem Gebüsch nun tatsächlich der Gefährte der erlegten Löwin gewesen war? Wenn er gekommen war, um sich an den Jägern zu rächen?

Indy mußte an die Geschichte denken, die Theodore Roosevelt zum besten gegeben hatte – die Geschichte von dem Jäger, den eine dieser Bestien sogar aus seinem Baumhaus hervorgeholt hatte. Und hier hatte man nicht einmal besondere Vorsichtsmaßnahmen ergriffen, der Löwe konnte sich beliebig aussuchen, in welchem Zelt er sich bedienen wollte...

Und da war es wieder, dieses dumpfe, wütende Grollen. Es klang so, als wäre es weit entfernt. Indy wollte schon aufatmen, als plötzlich ein Knurren in nächster Nähe antwortete. War die Raubkatze etwa nicht allein? Hatte sie irgendwelche Freunde mitgebracht? Gab es überhaupt so etwas, daß Raubtiere sich Verstärkung holten?

Wieder ertönte das Knurren in seiner Nähe. Die Bestie mußte sich mitten im Camp befinden. Indy dachte an seine Eltern.

»Dad?« rief er zaghaft.

Für ein oder zwei Sekunden herrschte Schweigen, dann drang die Stimme seines Vaters durch die Nacht zu ihm.

»Jetzt schlaf endlich ein, mein Junge!«

Indy tastete mit einer Hand unter sein Kopfkissen

und fand sofort, was er suchte: sein Taschenmesser. Er klappte es auf und legte es neben sich, so daß er es sofort ergreifen konnte, falls es nötig sein sollte.

Dann entspannte er sich ein wenig und lauschte weiter in die Dunkelheit. Er würde ganz gewiß nicht den Rat seines Vaters befolgen. An Schlaf war überhaupt nicht zu denken.

Doch wenige Minuten später fielen ihm die Augen zu ...

5
Schießübungen

Als am nächsten Tag die ersten Sonnenstrahlen die Spitzen der Zeltstangen vergoldeten, war Indy schon längst auf den Beinen. Seitdem er aufgewacht war, hatte er ungeduldig darauf gewartet, daß sich im Camp etwas regte; er wollte endlich aus dem Bett schlüpfen, sich anziehen und frühstücken. Und dann... Ja, an diesem Tag sollte er das erste Mal mit einem Gewehr schießen!

Teddy Roosevelt saß bereits in der Lagerkantine vor den Resten seines Frühstücks, als Indy dort eintraf. Er studierte eine Landkarte und winkte seinem jungen Bewunderer freundlich zu.

»Na, junger Mann? Ausgeschlafen?«

Indy nickte und ließ sich von einem Kantinenhelfer eine Tasse Tee, einen Teller und ein Messer geben. Dann nahm er sich eine Scheibe Brot aus dem Korb auf dem Tisch, strich Butter und Marmelade darauf und schlang sie hastig herunter.

Der Ex-Präsident amüsierte sich über das Tempo, das Indy an den Tag legte. »Paß nur auf, daß du dich nicht verschluckst«, bemerkte er. »Ich gehe schon mal los und bereite unseren Schießstand vor.«

Damit erhob er sich und verschwand zwischen den Zelten. Indy folgte ihm wenig später und fand seinen Lehrer auf einem Platz außerhalb des Lagers. Roosevelt hatte einen Sack Salz aus Mr. Hellers Zelt vor einem Gebüsch aufstellen lassen, wo er als Ziel für die Schießlektion dienen sollte. Dann maß er einen Abstand von dreißig Schritten ab und reichte Indy eines seiner Gewehre.

»Eine Fox Nummer 12«, sagte er voller Stolz, und seine Augen hinter den Brillengläsern funkelten begeistert. »Ich glaube, eine bessere Schrotflinte wurde bis heute nicht gebaut.«

Indy strich mit der Hand über den vom vielen Gebrauch abgewetzten Kolben. Die Waffe war viel schwerer, als er erwartet hatte.

»Na schön, Henry«, sagte Roosevelt nun, »leg das Gewehr an die Schulter und ziele.«

War das etwa alles? Er sollte einfach anlegen und zielen? Wollte sein Lehrer ihm denn keine weiteren Instruktionen geben?

Mühsam hob Indy das Gewehr hoch, stemmte den Kolben gegen seine Schulter und visierte mit zusammengekniffenen Augen den Sack an.

»Jetzt ganz sanft den Abzug drücken, nicht reißen. Vorsichtig drücken, bis du einen Widerstand spürst, und dann auslösen ...«

Indy biß die Zähne zusammen. Dann löste sich ein donnernder Schuß, woraufhin sich ein Schwarm Vögel protestierend aus dem Gebüsch hinter dem Salzsack erhob. Der Rückstoß des Gewehrs ließ Indy leicht schwanken, aber er hatte das Ziel getroffen: Aus dem Sack war eine kleine Salzwolke hochgeschleudert worden!

Theodore Roosevelt nickte anerkennend. »Gut gemacht, mein Sohn. Versuch's gleich noch mal.«

Der Junge zielte, feuerte erneut und traf den Sack auch diesmal.

Roosevelt nickte zufrieden. »Und was nun?«

Indy nahm das Gewehr und knickte den Lauf ab, wie er es schon mal bei anderen Gewehrschützen beobachtet hatte, um neu zu laden.

»Du bist ja ein ganz toller Kerl«, stellte der Ex-Präsident fest. »Ich sehe schon, daß du sicherlich mal ein ganz hervorragender Schütze wirst.«

Dann nahm er Indy das Gewehr aus der Hand und setzte seine Belehrungen fort.

»Eines darfst du aber niemals vergessen: Ein Gewehr sollte nur benutzt werden, um das eigene Leben zu schützen oder zu erhalten, niemals zum Vergnügen ...«

Roosevelt verstummte abrupt, als er die Stimme seines Sohnes hörte, der von weitem seinen Namen rief.

»In Ordnung, Kermit, ich komme gleich!« antwortete er. Und zu Indy gewandt, sagte er: »Es sieht so aus, als würde es Zeit für mich. Wir können die Lektion ein andermal fortsetzen, okay?«

Indy nickte. Allerdings hätte er Roosevelt liebend gerne begleitet, egal wohin der Präsident jetzt auch ritt.

Statt dessen mußte er wohl oder übel mit Miss Seymour vorliebnehmen, die in diesem Augenblick mit einem Stapel Bücher unter dem Arm aus ihrem Zelt auftauchte und zu ihnen herüberkam.

Theodore Roosevelt schwang sich auf ein Pferd, das einer seiner Helfer ihm gebracht hatte, und betrachtete amüsiert seinen jungen Schüler. Er schien Indys Gedanken zu lesen, denn er sagte: »Du kannst noch nicht mitkommen auf die Jagd. Aber du sollst wenigstens die Möglichkeit haben, dir dieses herrliche Land genau anzusehen ...«

Während er sprach, nahm er das Fernglas, das er an einem Riemen um den Hals trug, ab und warf es Indy mit einer lässigen Bewegung zu. »Da ... nimm es! Es gehört dir.«

Indy brachte vor Stolz kaum einen Ton hervor. »Vielen Dank, Sir«, krächzte er.

Während Teddy Roosevelt das Pferd antrieb, um zur Jagdgesellschaft hinüberzureiten, winkte er Miss Seymour zu.

»Passen Sie gut auf ihn auf, Miss Seymour!« rief er. »Und du, mein Sohn«, fügte er mit ernster Stimme an Indy gewandt hinzu, »benimmst dich anständig und gehorchst deiner Lehrerin. Sie ist nämlich eine ganz prächtige Person!«

Indy nickte. »Ganz bestimmt, Sir, das tue ich...«

Helen Seymour sah dem Präsidenten bewundernd hinterher, während er sich entfernte. Dann seufzte sie schmachtend und gab Indy ein Zeichen, er solle ihr folgen. Gemeinsam gingen beide zu den Zelten zurück.

»Was meinen Sie, Miss Seymour«, fragte er seine Lehrerin, »hätten Sie denn keine Lust, an einer solchen Jagd teilzunehmen?«

Helen Seymour nickte. »Ich glaube schon. Vor allem dann, wenn jemand wie Mr. Roosevelt mich dazu einladen würde...«

Der verträumte Ton in ihrer Stimme war nicht zu überhören. Verblüfft musterte Indy seine Lehrerin von der Seite. Er war zwar erst zehn Jahre alt, aber er bemerkte durchaus, daß sehr viel mehr hinter dieser Bemerkung steckte als reine Höflichkeit. Erwachsene nannten so etwas wohl Verliebtheit...

»Das glaube ich auch...«, murmelte er.

Miss Seymour fühlte sich ertappt und räusperte sich.

»Aber auch wir haben einen interessanten Tag vor uns, Henry. Mr. Heller hat uns nämlich einige seiner Zoologiebücher geliehen.«

Ehe sie das Zelt betraten, blieb Indy noch einmal stehen und drehte sich um. Mit einem sehnsuchtsvollen Blick verfolgte er, wie der letzte Reiter der Jagdgesellschaft hinter einem Gebüsch verschwand. Zurück blieb nichts als eine Staubwolke, und im Camp kehrte eine Ruhe ein, die dem erlebnishungrigen Indy überhaupt nicht behagte...

Miss Seymour hatte die Bücher auf den kleinen Holztisch gelegt und zwei Stühle herangezogen. Während Indy sich setzte, las er den Titel des Buches, das oben auf dem Stapel lag: »Afrikanische Säugetiere«. Das war doch das Buch, das Mr. Heller am Abend zuvor dem Präsidenten gezeigt hatte. Die Männer hatten dabei über irgendeine ausgestorbene oder verschwundene Antilopenart gesprochen.

Indy begann in dem Buch zu blättern und suchte nach der Abteilung über Antilopen und Gazellen. Dabei versuchte er sich an den Namen der geheimnisvollen Art zu erinnern, nach der die Mitglieder der Safari suchten ...

»Würdest du das Buch bitte aufschlagen auf Seite ...«, begann Miss Seymour.

Aber Indy hatte bereits gefunden, was er suchte, und sich in den Text vertieft. Er las laut vor.

»›Von der riesigen Elenantilope, die bis zu einer Tonne wiegen kann und nicht selten eine Größe von fast zwei Metern erreicht, bis hinunter zur kleinsten Art, der Königsantilope mit nur knapp dreißig Zentimetern Größe ...‹ Donnerwetter!«

Miss Seymour versuchte erneut ihr Glück. »Was meinst du denn, woher der Name ›Antilope‹ kommt, Henry?«

»Äh ... von *antholops* ...«, antwortete Indy geistesabwesend. »Das heißt soviel wie helles oder scharfes Auge. Zumindest steht es hier so.« Dann las er weiter: »›Es gibt mehr als achtzig verschiedene Arten ...‹«

Der Junge blätterte weiter und gelangte zu einer Reihe von Zeichnungen, auf denen die verschiedenen Antilopenarten dargestellt wurden.

»›Sie werden von Löwen und Leoparden und fast einem Dutzend anderer Raubtiere gejagt. Auch der Mensch weiß das Antilopenfleisch als sehr schmackhaft zu schätzen ...‹«

Indy schlug die nächste Seite um und stieß einen lauten Ruf aus. »Da ist sie!«

Fasziniert betrachtete er das Bild der Antilopenart, die er gesucht hatte. »Die Büschelohroryx«, sagte er andächtig. Es war für ihn das schönste Tier, das er je gesehen hatte. Die Antilope sah zwar so stark aus wie ein Ochse, wirkte aber gleichzeitig elegant und geschmeidig. »Sie ist einfach wunderbar«, flüsterte er.

»Das ist sie wirklich«, pflichtete Miss Seymour ihm bei. Sie wollte die Unterrichtsstunde fortsetzen, aber Indy konnte sich nicht von der Oryx lösen. Gab es in dieser Gegend überhaupt noch Exemplare davon? Was konnte mit ihnen geschehen sein? Präsident Roosevelt wäre sicherlich sprachlos vor Staunen, wenn Indy auf diese Fragen eine Antwort fände.

Er griff in eine Tasche, die neben dem Tisch stand, und holte sein Tage- und Notizbuch hervor, das sein Vater ihm anläßlich ihrer Reise nach Ägypten geschenkt hatte. Darin notierte er stets seine Gedanken und Beobachtungen während der Reisen, die er unternahm.

Indem er die Zeichnung der Antilope genau betrachtete, fing er an, sie auf einer freien Seite seines Notizbuchs zu kopieren. Helen Seymour, die sehr wohl merkte, wie wichtig dem Jungen diese Arbeit war, unterbrach ihn nicht, sondern stand auf und blickte ihm über die Schulter. Sie staunte, wie geschickt Indy sich anstellte. Die Zeichnung, die er anfertigte, entsprach bis in die kleinsten Details der Vorlage in dem großen Buch von Mr. Heller.

»Warum willst du diese Zeichnung in deinem Notizbuch haben?« wollte Miss Seymour wissen.

»Damit ich immer weiß, wonach ich Ausschau halten muß. Ich werde mich nämlich mit meinem neuen Fernglas auf die Suche begeben. Und ich werde sie für den Präsidenten und das Smithsonian Institute finden«, erklärte Indy mit dem Brustton der Überzeugung. Für ihn gab es nicht die geringsten Zweifel, daß ihm dies auch gelingen würde. Als er die Zeichnung beendet hatte, klappte er sein Notizbuch zu.

Miss Seymour mußte insgeheim über den Eifer des Jungen lächeln. Sie freute sich, mit welcher Ernsthaftigkeit er seine Absichten verfolgte. Deshalb bestand sie auch nicht mehr auf einer Fortsetzung der Unterrichtsstunde, als Indy nach dem Fernglas griff, das Teddy Roosevelt ihm geschenkt hatte.

»Dann will ich mal ein Auge zudrücken und erkläre die Schulstunde für beendet«, sagte sie. Indy dankte ihr mit einem strahlenden Lächeln. »Aber entferne dich nicht zu weit vom Camp. Wir befinden uns hier mitten in der Wildnis und nicht in irgendeinem Stadtpark...«

»Keine Sorge«, erwiderte Indy. »Ich passe schon auf...«

Dann hängte er sich das Fernglas um den Hals und rannte zwischen den Zelten davon. Auf seinem Weg kam er auch am Zelt des Tierpräparators vorbei. Das laute Vogelgezwitscher und die zahlreichen Träger, die dort ein und aus gingen, verrieten ihm, daß Mr. Heller und Mr. Loring offensichtlich eine Menge zu tun hatten.

Nun, wenn er das Glück hatte, das er sich erhoffte, und tatsächlich ein Exemplar dieser Büschelohrantilope aufstöbern sollte, würde Mr. Heller noch mehr Arbeit bekommen.

Niemand schien ihn zu bemerken, als er durch das Camp rannte und sich in Richtung des Erdwalls entfernte, der das Lager umgab. Wenn er mit seiner Suche Erfolg haben wollte, dann ganz gewiß nur in der Steppe, die sich unterhalb des Lagers bis zum Horizont ausbreitete.

6

»Ich Indy. Wer du?«

Indy erreichte den Punkt, an dem er am Vortag umgekehrt war, um zurückzulaufen und die Ankunft des Präsidenten im Lager mitzuerleben. Allerdings hatte er diesmal das Fernglas bei sich, das Theodore Roosevelt ihm geschenkt hatte.

Er setzte sich ins Gras, stützte die Ellbogen auf einen brusthohen Stein und richtete das Glas auf den Massaikral. Mittlerweile hatte er im Camp einige afrikanische Worte aufgeschnappt und wußte, daß »Kral« soviel wie »Dorf« bedeutete.

Mit Hilfe des Fernglases erkannte Indy, daß das, was er mit bloßem Auge für Büsche und Sträucher gehalten hatte, in Wirklichkeit eine Art dichter Zaun aus Baumästen und Dornengestrüpp war, der das Dorf wie ein Schutzwall umgab. Außerdem zählte er nun mehr als acht Hütten. Die Siedlung war größer, als er geschätzt hatte.

Die Hütten waren in einem Kreis angeordnet, und zwei von ihnen in der Mitte schienen größer zu sein als die anderen. Bewohner des Dorfes, bekleidet mit langen, bunten Gewändern, bewegten sich zwischen den Hütten. Außerdem konnte Indy eine große Anzahl von Rindern erkennen, die außerhalb des Zauns hinter dem Dorf weideten.

Als er auch das Gelände in der Umgebung des Massaikrals absuchte, stellte er fest, daß der Platz unter der frei stehenden Tamariske leer war. Der Massaijunge, den er dort am Vortag entdeckt hatte, war nicht da.

Ein schrilles, durchdringendes Blöken in nächster

Nähe ließ Indy zusammenzucken. Beinahe wäre ihm das Fernglas aus den Händen gerutscht und auf den Stein gefallen. Er stand auf und wagte sich ein Stück weiter vor, um über die Felskante nach unten zu blikken. Jetzt sah er eine Ziege, die in seine Richtung rannte. Offenbar wollte sie das Weite suchen.

Spontan kletterte Indy über die Felsen nach unten und sprang schließlich von einem etwa anderthalb Meter hohen Steinklotz ins Gras. Dabei versperrte er der Ziege den Fluchtweg. Das Tier bremste jäh und gab ein ungehaltenes Meckern von sich. Dann machte es kehrt und sprang dorthin zurück, wo Indy den Rest der kleinen Herde vermutete. Er folgte dem Tier, umrundete einen kleinen, dem Felshang vorgelagerten Hügel und stand plötzlich dem dunkelhäutigen Jungen vom Vortag gegenüber.

Die beiden Kinder schauten sich stumm an und versuchten, einander einzuschätzen. Aber diesmal wollte Indy sich nicht davon abhalten lassen, den Jungen anzusprechen.

»Hallo!« sagte er.

Der dunkelhäutige Hirte stützte sich auf einen langen Stock, balancierte auf einem Bein und erwiderte Indys prüfenden Blick. Dann sagte er etwas in einer für den kleinen Amerikaner unverständlichen Sprache, wobei er sehr schnell redete.

Indy wußte, daß die Massai sich in Maa verständigten, einem Dialekt, der in dieser Gegend gesprochen wurde. Er schüttelte den Kopf, zeigte dabei auf seine Ohren und hob die Schultern in einer Geste des Nichtverstehens.

»Es tut mir leid«, sagte er. »Ich weiß nicht, was du meinst.« Dann zeigte er auf seine Brust. »Indy ...«, sagte er laut und deutlich. »Mein Name ist Indy ...«

Danach deutete er mit dem ausgestreckten Zeigefinger auf seinen neuen Bekannten, der jedoch zurückzuckte, als wäre Indys Finger eine gefährliche Schußwaffe.

Indy erkannte, daß er auf diese Weise nicht weiterkam. Möglicherweise war das Deuten mit dem Finger ein Unglückszeichen, vielleicht sogar eine Form von Beleidigung. Plötzlich wurde er unsicher. Wenn nun ein Kopfnicken eine ähnliche Bedeutung hatte? Oder irgendeine andere Geste, die für ihn selbstverständlich und harmlos war?

Der dunkelhäutige Junge öffnete den Mund und sagte ganz leise: »In... diiii...«

Indiana Jones strahlte. Es funktionierte also doch!

Sofort streckte er die Hand aus, um nach guter amerikanischer Sitte die neue Bekanntschaft mit einem Händedruck zu besiegeln. Doch auch diesmal wich der Junge zurück, wenn auch nicht mit dem gleichen Ausdruck des Erschreckens in den Augen.

Wieder falsch! dachte Indy, zunehmend irritiert.

In diesem Moment drangen aus der Ferne Rufe zu ihnen. »Meto! Meto!«

Indy wandte sich um und erkannte einige junge Männer, die aus dem Massaidorf herausgekommen waren, in seine Richtung blickten und winkten.

»Meto! Meto!«

Dann riefen sie etwas, das Indy überhaupt nicht verstehen konnte. Aber ihre Worte waren offensichtlich für den Jungen bestimmt, denn der begann nun, seine Ziegen zusammenzutreiben. Dann rief er den Männern eine Antwort zu, deren Sinn Indy ebenfalls verborgen blieb. Er kombinierte jedoch aus der Situation, daß es so etwas wie »Ich komme!« heißen mußte.

Als der Junge sich einige Schritte entfernt hatte, räusperte Indy sich und rief: »Meto?«

Der kleine Schwarze blieb stehen, drehte sich um und fixierte den Fremden sichtlich überrascht.

Indy hakte sofort nach. »Meto? Ist das dein Name? Heißt du Meto?«

Der Massai grinste und nickte. Das war immerhin ein Fortschritt.

Krampfhaft suchte Indy nach etwas Sinnvollem, das er dem Jungen hätte sagen können. Aber mehr als ein »Hallo...« brachte er nicht zustande. Meto ging unbeirrt hinter seinen Ziegen her.

Na prima, dachte Indy. Kaum habe ich den ersten Erfolg, schon muß er nach Hause. Aber so leicht gab er nicht auf. Er beschloß, ihm zu folgen.

Ein gutes Stück gingen die beiden schweigend hintereinander her. Gelegentlich stieß Meto einen schrillen Ruf aus, wenn eine der Ziegen Anstalten machte, seitlich auszubrechen, oder er lief ein paar Schritte hinter einem besonders widerspenstigen Tier her. Indy beobachtete all das aufmerksam, unternahm aber keinen Versuch mehr, sich bemerkbar zu machen.

Das war allerdings auch nicht nötig, denn irgendwie schien Meto zu spüren, daß Indy ihm folgte. Plötzlich blieb er stehen und wandte sich um. Indy verharrte ebenfalls auf dem Fleck und betrachtete seinen neuen Bekannten aufmerksam.

Meto sagte etwas auf Maa, was vielleicht eine Frage war, zum Beispiel: »Warum gehst du hinter mir her?« Fieberhaft überlegte der kleine Weiße, wie er es schaffen könnte, mit dem Jungen irgendwie ins Gespräch zu kommen, soweit von einem Gespräch überhaupt die Rede sein konnte. Schließlich hob er sein Fernglas hoch und zeigte es dem Jungen. Dabei nahm er den Riemen vom Hals.

»Fernglas«, sagte Indy. »Das ist ein Fernglas...«

Er ging langsam auf Meto zu, der immer noch abwartend dastand. Dann reichte er dem Massai das Fernglas und bedeutete ihm mit einigen Handzeichen, er könne es ruhig anfassen, ihm werde nichts passieren.

»Weißt du, was man damit tun kann?« fragte Indy. Als der Junge ihn verständnislos ansah, fuhr Indy fort: »Wahrscheinlich nicht. Dann paß mal auf, ich zeig's dir...«

Er setzte die Gläser an die Augen und stellte die Sehschärfe ein; dann ging er mit dem Kopf zurück und versuchte, Meto mit einem Kopfnicken klarzumachen, er solle einmal durch die Okulare schauen.

Meto kam zögernd zu dem Weißen herüber und machte nach, was er bei Indy gesehen hatte. Einige Sekunden lang rührte er sich nicht, sondern versuchte zu verstehen, was sich seinen Augen darbot. Dann ergriff er das Fernglas mit beiden Händen, drehte sich um und schaute in die andere Richtung...

Indy nahm ihm für einen Moment das wundersame Instrument aus der Hand. »Und das hier kannst du auch damit tun!«

Er drehte das Glas um, so daß man durch die großen Linsen blicken konnte, und drückte den Feldstecher Meto wieder in die Hand. Der kleine Massai blickte durch das andere Ende des Fernglases und brach unvermittelt in schallendes Gelächter aus. Indy stimmte in das Lachen mit ein.

Nun untersuchte Meto das Fernglas sehr genau. Indy verfolgte jede seiner Gesten.

»Das Glas hat mir Theodore Roosevelt geschenkt...«, bemerkte er.

Meto sagte wieder etwas auf Maa und zeigte dabei hinaus in die Steppe. Wollte er Indy etwas Besonderes vorführen? Nun ergriff er Indys Arm und zog ihn mit sich in Richtung des Krals. Dort deutete er ihm mit einigen Gesten an, er möge warten. Dann übergab er einigen jungen Männern die Ziegen und verschwand in einem Zelt, um kurz darauf voller Stolz mit zwei spitzen Stöcken zurückzukehren. Einen dieser Stöcke reichte er Indy und demonstrierte ihm, wie man ihn als Speer benutzen konnte. Bei dieser Gelegenheit führte er auch vor, wie das Fernglas am besten einzusetzen war bei dem, was er seinem neuen Freund zeigen wollte. Schließlich rannte Meto hinaus in die Grassteppe und rief Indy irgend etwas zu. Der Weiße verstand dies als Aufforderung zum Mitkommen und folgte ihm, so schnell er konnte.

Die beiden Jungen hatten sich in westlicher Richtung vom Massaidorf entfernt und waren dem Verlauf des Bergrückens gefolgt, auf dem sich auch das Camp des Präsidenten befand. Sie hatten ein hervorragendes Versteck gefunden, aus dem Meto sich vorsichtig herausschob, um mit dem Fernglas die Umgebung zu betrachten.

In einiger Entfernung und von ihrem Versteck aus auch mit bloßem Auge leicht zu erkennen entdeckten sie ein Wasserloch, in dessen Nachbarschaft es sehr lebhaft zuging. Meto konnte seinen Blick gar nicht davon losreißen und wehrte sogar Indys Hand ab, die dieser ihm auf die Schulter legte. Indy wollte wissen, was seinen neuen Bekannten so sehr interessierte, aber Meto schien noch keine Lust zu haben, das Glas wieder abzugeben. Schließlich aber besann er sich eines Besseren und gab seinem Freund den Feldstecher zurück.

Als Indy hindurchsah, glaubte er, mitten ins Paradies zu schauen. So oder so ähnlich mußte es damals ausgesehen haben, als alle Lebewesen noch in friedlicher Eintracht miteinander umgegangen waren.

Das Wasserloch wurde nämlich von zahllosen Tieren umdrängt. Indy erblickte Zebras, Gazellen und Tausende von Vögeln ... Es war wie ein Wunder.

Meto hatte es sich inzwischen in der Bodensenke,

die ihnen als Deckung diente, bequem gemacht und stocherte mit dem spitzen Stock in seinen Zähnen. Indy beobachtete weiterhin gebannt die Steppe... und zuckte plötzlich zusammen: Eine Löwin starrte ihm mitten in die Augen.

Indy vergaß, daß er durch ein Fernglas sah und die Raubkatze noch sehr weit von ihnen entfernt war, und ließ sich erschrocken fallen. Dann machte er Anstalten, sein Versteck zu verlassen und davonzurennen. Aber Meto, der sich mit einem kurzen Blick durch das Fernglas vergewissert hatte, weshalb Indy so durcheinander geraten war, packte seine Hand und hielt ihn zurück. Er gab ihm ein Zeichen, sich zu dukken und sich still zu verhalten.

»Nein! Langsam, ganz ruhig«, sagte er auf Maa.

Behutsam verließen sie ihr Versteck und entfernten sich langsam.

»Stop!« befahl Meto plötzlich auf Maa.

Indy erstarrte mitten in der Bewegung... Als die Löwin in allernächster Nähe an ihnen vorbeilief, drangen dumpfe Laute an seine Ohren. Mit schreckgeweiteten Augen verfolgte er, daß die Löwin beinahe mitten durch das Versteck schlich, das Meto und er nur Sekunden vorher verlassen hatten...

Die Löwin setzte ihren Weg fort und interessierte sich weitaus mehr für den Festtagsschmaus am Wasserloch als für irgendwelche rätselhaften Gerüche. Außerdem überlegte die Bestie sich wahrscheinlich eine günstige Angriffstaktik.

Sobald das Raubtier sich wieder in sicherer Entfernung von dem Bergwall befand, kehrte Meto in das Versteck zurück und beobachtete weiter das Wasserloch. Indy schlich hinter ihm her und streckte sich neben dem Massai im Gras aus. Aufmerksam beobachteten die beiden, wie die Löwin sich in einem weiten Bogen an das Wasserloch heranschlich. Die Tiere, die dorthin zum Trinken gekommen waren, schienen die Nähe der Raubkatze zu spüren, denn unter ihnen brach Unruhe aus; aber noch war der Durst stärker als ihre Angst.

Sekunden später registrierte Indy eine Bewegung neben sich. Meto hatte sich leise erhoben und schlich vorwärts; Indy folgte ihm vorsichtig. Sie gelangten zu einem Hügel unweit des Wasserlochs, das nun verlassen dalag. Offenbar hatten die durstigen Tiere doch die drohende Gefahr durch die Löwin bemerkt und waren geflohen.

Meto holte eine kleine Flöte aus einem Lederbeutel, den er an seinem Gürtel trug, und spielte eine Melodie. Fasziniert hörte Indy ihm zu. Wenn er in die untergehende Sonne blickte, die sich langsam zu einem roten Ball verfärbte, erschien ihm alles, was er an diesem Tag erlebt hatte, wie ein Traum.

Der junge Massai stieß ihn an und reichte ihm die Flöte. Dabei machte er ihm mit Worten und Gesten klar, er solle es auch einmal versuchen. Indy blies in die Flöte, aber außer einem müden Pfeifen brachte er keinen Laut aus dem Instrument heraus. Daraufhin machte Meto ihm vor, wie er blasen mußte, und als Indy es ein zweites Mal versuchte, hatte er tatsächlich mehr Erfolg. Der Ton war zwar nicht sonderlich schön, dafür aber sehr laut. Selbst wenn die Tierherden sich bis zum Abend am Wasserloch aufgehalten hätten, wären sie spätestens jetzt davongelaufen.

Nach einiger Zeit gab Meto seinem weißen Bekannten ein Zeichen. Sie brachen wieder auf, liefen ein Stück über den Bergwall und stiegen dann den Hang hinab.

Doch auf halber Höhe verharrte Meto unerwartet und lauschte; dann riß er Indy herunter und legte warnend einen Finger auf die Lippen. Auf einmal begann der ganze Boden zu beben und zu dröhnen.

Keine zwanzig Meter entfernt, am Rande der Grassteppe und im Schatten der Berge, raste eine Herde Gnus vorüber.

Indy und Meto hatten sich hinter einen umgefallenen Baumstamm geflüchtet und beobachteten nun ein dramatisches Schauspiel. Denn die Löwin war doch nicht abgezogen, sondern hatte sich offenbar auf die Lauer gelegt und auf ihre Chance gewartet. Und die hatte sie nun endlich bekommen...

Geduckt rannte sie neben der Herde flüchtender Gnus her und suchte sich in aller Ruhe ein Tier aus, das offenbar etwas langsamer und schwerfälliger war als seine Gefährten. Das verängstigte Tier schien zu ahnen, daß es den Speiseplan der Löwin aufbessern sollte, und versuchte, der Raubkatze durch Hakenschlagen zu entgehen; es hatte damit aber kein Glück.

Mit einem geschmeidigen Satz erreichte die Löwin ihr Opfer und verbiß sich in seinen Hinterläufen. Das Gnu stürzte, trat mit den Hufen wild um sich, aber die Löwin ließ nicht locker. Sie setzte ihre enorme Kraft ein, um das Gnu am Aufstehen zu hindern, und wartete einfach ab, bis ihre Beute ausreichend geschwächt war. Dann schlug sie ihm die furchtbaren Eckzähne in den Hals.

Meto und Indy hatten diesen ungleichen Kampf atemlos verfolgt, doch nun mußten sie an ihre eigene Sicherheit denken. Wenn eine Löwin Beute gemacht hatte und sie witterte einen Menschen in der Nähe, dann konnte sie unberechenbar werden. Sie glaubte dann nämlich, daß jemand ihr die Beute streitig machen wollte, und das ließ sie nie zu.

Meto schlug einen anderen Weg ein und hatte es eilig, von diesem gefährlichen Platz wegzukommen. Indy wollte noch mehr sehen und sagte auf Maa zu dem Schwarzen: »Langsam, nicht so schnell.«

Meto blickte seinen Begleiter verblüfft an. Hatte er

richtig gehört? Sprach dieser In-diiii tatsächlich Maa? Er grinste. Dann begann er, seinem neuen Freund einige Dinge zu erklären. Indem er jeweils auf die betreffenden Dinge deutete, nannte er ihm die Maa-Worte für Gras, Bäume, Himmel und so weiter...

Als gelehriger Schüler wiederholte Indy jedes Wort, um seine Aussprache zu erlernen. Nach einiger Zeit saßen die beiden Jungen so vertraut beisammen und unterhielten sich so angeregt, als wären sie schon ein Leben lang miteinander befreundet.

7

Das Geheimnis der Antilopen

Auch diesmal kehrte Indy zur gleichen Zeit wie die Jäger ins Camp zurück. Und wie schon am Vortage schien niemand bemerkt zu haben, daß er die ganze Zeit auf einer unerlaubten Erkundungstour gewesen war.

Betont gemächlich schlenderte der Zehnjährige durch das Lager und gelangte zu der Gruppe, die sich vor Theodore Roosevelt, seinem Sohn Kermit und Frederick Selous, dem Großwildjäger, versammelt hatte.

Die drei Männer standen im matten Glanz der untergehenden Sonne und lächelten stolz. Vor ihnen auf dem Erdboden lagen zwei abgetrennte Nashornschädel, offenbar die Jagdbeute des Tages.

Professor Jones und Richard Medlicot hatten die Kamera aufgebaut und trafen Vorbereitungen für das obligatorische Jagdfoto. Als der Blitz zuckte, applaudierten die Umstehenden und drängten sich dann den Jägern entgegen.

Indy beeilte sich, zu Roosevelt zu gelangen, doch jemand anderer kam ihm zuvor – Helen Seymour!

»Was für riesige Tiere das sind«, sagte sie und betrachtete schaudernd die massigen Schädel.

»Es dauerte einige Zeit, bis ich das größere Exemplar vor die Flinte bekam«, begann der Ex-Präsident zu erzählen. »Es war eine Kuh, und sie machte tatsächlich Anstalten, mich anzugreifen. Als ich sie erwischte, war sie keine dreißig Meter von mir entfernt. Ich glaube, sie hatte es tatsächlich auf mich abgesehen …«

Indy war vor den beiden Schädeln in die Knie gegangen und betrachtete staunend die Hörner. Sie sahen aus, als könnten sie ohne Schwierigkeiten schwere Panzerplatten durchbohren. Dann schaute er zu seinem väterlichen Freund auf.

»Hatten Sie denn keine Angst, Sir?« wollte er wissen.

Roosevelt kniete sich neben Indy auf den Erdboden. »Nein, die hatte ich nicht. Ich fand es eher aufregend, spannend... Die Tiere sind mittlerweile sehr selten. Mit diesen beiden Exemplaren haben wir bisher insgesamt sieben Stück erlegt.«

Das verstand Indy nicht ganz. »Wenn sie so selten sind«, sagte er, »weshalb töten Sie dann so viele?«

»Wenn man den Gesamtbestand an Tieren betrachtet, mein Sohn«, antwortete Frederick Selous an Stelle des Präsidenten, »dann sind sieben Stück nicht sehr viel. Schließlich gibt es, auch wenn sie als selten gelten, immer noch mehrere tausend Exemplare.«

»Solche Tiere«, ergriff nun wieder Teddy Roosevelt das Wort, »gehören nämlich ins Museum, damit jeder Mensch sie betrachten kann und einen Eindruck von ihnen bekommt...«

»Und außerdem«, fügte Selous hinzu, »ist die Jagd auf solche Kolosse ein wundervoller Sport.«

Mit einem zustimmenden Nicken erhob sich Roosevelt, klemmte sein Gewehr unter den Arm und entfernte sich.

Aber Indy war mit diesen Erklärungen nicht zufrieden. Irgendwie ergaben die Begründungen des Präsidenten keinen Sinn. Er sei schießwütig, hatte sein Vater auf dem Schiff während der Fahrt nach Mombasa über ihn gesagt. Damals hatte Indy angenommen, Professor Jones wollte nur einen Scherz machen. Doch jetzt war er sich dessen nicht mehr so sicher.

Indy lief ein paar Schritte, um den berühmten Mann einzuholen. »Aber ich finde trotzdem, daß es nicht richtig ist, so etwas zu tun«, sagte Indy.

Roosevelt betrachtete den Jungen etwas ungehalten. Was fiel diesem Bengel eigentlich ein, ihn mit solch albernen Fragen zu belästigen?

»Du verstehst das Ganze noch nicht, mein Junge«, sagte er leicht grantelnd. »Was wir hier tun, das tun wir nicht zum Vergnügen, sondern einzig und allein für die Wissenschaft. Wir tragen dazu bei, daß die Menschen neue Dinge lernen, daß sie ihren Wissenshorizont erweitern. Wenn sie solche Tiere im Museum betrachten können und etwas über ihre Lebensweise erfahren, dann haben sie viel mehr Achtung vor ihnen und vor der Natur insgesamt.«

Indy nickte. Das begriff er durchaus. »Aber warum reicht es dann nicht, ein oder zwei Tiere zu schießen?« bohrte er dennoch weiter.

»Weil es Hunderte von Museen gibt«, entgegnete Roosevelt, und seine Stimme bekam einen etwas schärferen Unterton. Allmählich wurde ihm dieses Frage-und-Antwort-Spiel lästig.

»Aber könnte man denn die verschiedenen Tiere nicht auf die Museen verteilen? Muß denn jedes Tier in jedem Museum vertreten sein?« wollte Indy wissen.

Das war zuviel. Roosevelt, der seinen Zorn mühsam gezügelt hatte, explodierte jetzt.

»Es ist von höchster Wichtigkeit«, brüllte er fast, »daß die Menschheit die Natur kennenlernt und versteht. Und das in vollem Umfang und in ihrer ganzen Vielfalt!«

Indy zuckte zusammen und zog unwillkürlich den Kopf ein. Er hatte nicht erwartet, daß seine Fragen eine solch heftige Reaktion bei diesem Mann auslösten, den er doch so sehr bewunderte.

Roosevelt war offenbar selbst über seine scharfe Reaktion verwundert. Er bemerkte das Zurückweichen des Jungen und versuchte, seinen Zornesausbruch abzumildern, indem er einen freundschaftlichen Ton anschlug. Während er sein Gewehr in die Hülle schob, seufzte er schicksalsergeben und sagte:

»Sieh mal, ich verstehe sehr gut, was du empfindest, mein Sohn. Ich habe dieses Gewehr überreicht bekommen als Anerkennung für meine Bemühungen um die Erhaltung der natürlichen Lebensbedingungen der Tierwelt. Für mich gibt es kaum eine höher zu bewertende Leistung als die Gründung und Erhaltung unserer Nationalparks, wo die Menschen die Möglichkeit haben, die Achtung und Wertschätzung der Natur zu erlernen.«

Roosevelt schloß die Gewehrhülle.

Indy nickte nachdenklich. »Aha«, sagte er, »ich glaube, jetzt verstehe ich Sie, Sir.«

Der Ex-Präsident schlenderte zum Lagerrand hinüber, wo seine einheimischen Träger und Helfer bereits damit beschäftigt waren, große Feuer anzufachen. Indy ging hinter Roosevelt her und rief sich noch einmal die Argumente des Präsidenten ins Bewußtsein: Tiere werden getötet. Sie werden ausgestopft oder anderweitig präpariert und anschließend ausgestellt. Man kann sie sich in allen Museen ansehen. Dann richtet man Naturparks ein, in denen die Tiere möglichst ungestört leben und wo die Menschen sie in freier Wildbahn beobachten können. Ja ja, das ergab einen Sinn ... jedenfalls irgendwie.

Indy war aber noch immer nicht vollständig überzeugt. Es mußte doch irgendeinen Grund geben, weshalb einige Tierarten so selten waren. Vielleicht waren sie besonders anfällig für bestimmte Krankheiten, oder sie fanden nicht genug zu fressen. Aber wenn Präsident Roosevelt sie tötete, um sie in Museen ausstellen zu lassen – wie konnte ihnen das helfen? Und was geschah mit den Tieren, die nicht in solchen Naturparks lebten? Waren sie zum Tode und später zum Aussterben verurteilt? Durfte jeder auf sie Jagd machen?

»Eines muß dir klar sein, Henry«, sagte Roosevelt. »Wissen ist der Schlüssel zu allem ... Der Mensch hat es in seiner Macht, die Natur und die Wildnis zu zerstören, und das ist etwas, das wir niemals zulassen dürfen. Um das zu verhindern, müssen wir jeden Tag aufs neue kämpfen ...«

Im letzten Tageslicht konnte Indy in der Ferne Rauchwolken erkennen, die von dem Massaikral aufstiegen. Er dachte an den Nachmittag und daran, wie zielsicher Meto ihn zu den Tieren geführt hatte. Es war, als hätte er genau gewußt, wo sie sich jeweils aufhielten. Und als die Löwin erschien und das Gnu riß, hatte er noch nicht einmal ängstlich reagiert. Man konnte meinen, daß er Dinge in der Natur sah und über sie wußte, die Menschen, die aus der Zivilisation in diese Wildnis kamen, völlig verschlossen waren.

Dann durchzuckte ihn ein Gedanke. Wenn jemand diese Büschelohrantilope finden konnte, dann eigentlich nur Meto.

Indy beschloß, dieses Thema so behutsam wie möglich anzugehen.

»Mr. Roosevelt, Sir, wissen Sie etwas über diesen Kral da hinten?« fragte Indy und zeigte auf das Massaidorf.

Roosevelt nickte. »Wie ich schon erklärte, leben dort Angehörige der Massai. Ein paar Männer aus dem Dorf arbeiten sogar bei uns. Es sind sehr friedliche Menschen, die vorwiegend von der Viehzucht leben.«

»Verstehen Sie ihre Sprache?« wollte Indy weiter wissen.

»Dieses Maa ist sehr schwierig«, erwiderte Roosevelt. »Ich hab's zwar schon mehrmals versucht, aber ich muß zugeben, daß ich das wenige, das man mir beibrachte, schon wieder vergessen habe. Ich komme damit nicht klar. Warum fragst du?«

»Ach … Ich glaube, ich hab mal irgendwo gelesen, daß sie sehr gute Fährtensucher sind. Sie sollen viele Tiere allein an ihren Spuren erkennen können. Und ich dachte mir …«

Roosevelt schien dem Jungen nicht mehr zuzuhören. Dafür machte er einen Vorschlag, der Indy wie gerufen kam.

»Was hältst du davon, wenn wir vor dem Abendessen noch eine Runde Dame spielen?« fragte er plötzlich.

Indys Augen leuchteten auf. Dame spielte er sehr gerne, es war sein Lieblingsspiel. Und außerdem hätte er dabei die Gelegenheit, sich unauffällig weitere Informationen über die verschwundene Oryxart zu verschaffen. »Aber klar, Sir, gerne!«

Sie gingen zum Hauptzelt, wo Roosevelt sich ein Damebrett mit Steinen besorgte. In der Nähe eines Lagerfeuers fanden sie einen freien Klapptisch und begannen zu spielen.

Schon nach wenigen Minuten hatte Indy fast alle Steine seines Gegners abgeräumt. Er konnte sich ein triumphierendes Grinsen nicht verkneifen.

»Aber, aber …«, sagte Roosevelt und hob eine Augenbraue.

Indy spürte, wie er vor Stolz ganz rot wurde. Er entschied, daß jetzt der geeignete Augenblick gekommen war, um seine Idee zur Sprache zu bringen. »Was meinen Sie denn, Sir, was mit den Büschelohrantilopen passiert sein könnte?«

»Das weiß ich nicht«, gab der Präsident zu. »Das ist auch für mich ein großes Rätsel.«

»Ich habe mal darüber nachgedacht, Sir.«

»Ach, hast du das?«

»Ja, Sir, und ich glaube, daß ich Ihnen vielleicht helfen kann.«

»Nun, das Smithsonian Institute braucht dieses Tier für seine Sammlung. Und ich würde dem Institut liebend gern dazu verhelfen.«

»Tatsächlich«, sagte Indy, »bin ich sogar ganz sicher, daß ich diese Tiere aufstöbern kann.«

Ein Lächeln breitete sich auf Theodore Roosevelts Gesicht aus. »Sehr gut. Dann bist du also mein Helfer in der Not, oder?«

Er macht sich über mich lustig, dachte Indy. Er hält mich wohl für einen Prahlhans. Na ja, ich werd's ihm schon zeigen.

Indy nickte voller Selbstvertrauen und erwiderte: »Jawohl, Sir. Das verspreche ich Ihnen.«

In diesem Moment fielen in nächster Nähe des Camps zwei Schüsse in kurzer Folge. Roosevelt und Indy wirbelten herum, sprangen auf und rannten dorthin, wo die Schüsse erklungen waren.

Am Rand des Camps stand Frederick Selous mit einem Gewehr in der Faust, aus dessen Mündung sich Pulverdampf kräuselte. Er starrte angestrengt in die undurchdringliche Finsternis, die das Lager umschloß.

Während Indy und Roosevelt sich zu ihm gesellten, erklang aus dem Gebüsch begeistertes Gebrüll. Einheimische strömten auf die Lichtung, und einige von ihnen stimmten einen fröhlichen Gesang an.

Indy hörte das stetige rhythmische Knacken und Knirschen von Baumästen. Eine Gruppe Träger erschien im Lichtschein der Lagerfeuer im Camp. Die Männer schleppten eine riesige Bahre, auf der der Kadaver eines Löwen lag. Hochrufe erklangen, Applaus brandete auf. Indy stieß einen Freudenschrei aus: »Yippiieeeehh!«

Der Löwe war offenbar doch zurückgekommen, um seine Rechnung mit Frederick Selous zu begleichen – genauso wie sein Artgenosse in Roosevelts Geschichte!

Indy fragte sich, was wohl passiert wäre, wenn Selous nicht gehört hätte, wie er durch die Büsche schlich. Und wenn er das aschgraue Gesicht des Großwildjägers betrachtete, dann stellte der Mann sich in diesem Augenblick wohl dieselbe Frage.

Jedenfalls schien ihm der Champagner, den jemand ihm in einer Blechtasse reichte, nicht besonders zu schmecken. Wahrscheinlich verdarb die Vorstellung, daß er um ein Haar im Bauch der Bestie geendet wäre, dem Großwildjäger gründlich den Appetit...

8
Erste Hinweise

Indy schlug das Notizbuch auf und legte es vor Meto auf die Erde. Die Seite zeigte Indys Zeichnung der Büschelohroryx.

In gewisser Weise fand Indy die ganze Situation etwas seltsam. Er war so früh wie nie zuvor aufgestanden und hatte sich aus dem Camp davongeschlichen. Die einzige Person, die er kurz nach Sonnenaufgang gesehen hatte, war Miss Helen Seymour gewesen, doch sie hatte ihn so gut wie gar nicht beachtet.

Seine Lehrerin schien zur Zeit ganz andere Interessen zu haben. Ständig fummelte sie an ihren Haaren herum, frisierte sich am Tag mindestens zweimal neu und stand zwischendurch gelegentlich mit einem verträumten Lächeln vor dem Spiegel.

Indy konnte sich nicht erinnern, sie schon mal in einer ähnlichen Verfassung erlebt zu haben, bevor sie Theodore Roosevelt persönlich kennengelernt hatte. Aber manchmal geschahen eben noch Zeichen und Wunder.

Dem Jungen konnte es allerdings nur recht sein, wenn Miss Seymour durch andere Dinge abgelenkt war. Auf diese Weise war es ihm sehr viel leichter möglich, seinen Angelegenheiten auf seine ganz persönliche Art nachzugehen. Und er war fest entschlossen, die verschollene Antilopenart aufzustöbern, ehe irgend jemand im Camp bemerkte, daß er nicht in seinem Zelt war.

Im Kral herrschte bereits lebhaftes Treiben. Zahlreiche Massaikinder rannten zwischen den Hütten umher und spielten.

Meto betrachtete die Zeichnung aufmerksam und sagte etwas auf Maa, von dem Indy annahm, daß es wahrscheinlich der Name dieses Tieres sein sollte. Mr. Roosevelt hatte wirklich recht, das Wort war nahezu unaussprechbar, und es auswendig zu lernen, dürfte einem Weißen, der nicht in dieser Gegend groß geworden war, sehr schwerfallen.

Indy nickte, wiederholte das Wort und bemühte sich, es genauso auszusprechen wie sein farbiger Freund. »Ja... Oryx!«

Meto nickte. Immerhin schien der weiße Junge ihn verstanden zu haben. Dann fragte er: »Oryx? Was ist damit?«

Indy deutete erneut auf die Zeichnung und machte Meto auf die besonderen Merkmale der Oryx aufmerksam: Er zeigte ihm die Haarbüschel an den Ohren. Um sich verständlich zu machen, kramte er die wenigen Brocken Maa zusammen, die er beherrschte.

»Antilope mit den Büschelohren... Sie sieht anders aus...«

Meto, der sich die ganze Zeit auf seinen Stock gestützt hatte, berührte mit dem Stockende die Spitzen der Ohren. Er nickte und sagte nun ein längeres Wort auf Maa. Es schien diesmal die Bezeichnung dieser speziellen Art zu sein.

In der Hoffnung, richtig kombiniert zu haben, platzte Indy mit einem lauten »Ja!« heraus. Dann wiederholte er Metos Wort.

Meto betrachtete Indy gespannt. Es schien ihm besondere Freude zu bereiten, den kleinen Weißen in seiner Sprache reden zu hören. Als er nun in seinem saubersten, deutlichen Maa den nächsten Satz sagte, tat Indys Herz vor Freude einen begeisterten Hüpfer. »Indy, ich zeige dir die Oryx mit den Fransenohren.«

Nach diesen Worten richtete Meto sich auf, machte auf den Fersen kehrt und rannte los. Indy klappte sein Notizbuch zu und lief hinter seinem schwarzen Freund her. Die beiden Jungen eilten durch die Steppe, sprangen über Gräben und Rinnen und umrundeten Termitenhügel, die ihnen im Weg waren. Nach einiger Zeit ging die Ebene in sanft gewellte Hügel über, die einer kleinen Gebirgsgruppe vorgelagert waren. Sie waren sicherlich schon über eine Stunde unterwegs, als sie diese Berge erreichten.

Die Büsche und Sträucher standen zunehmend dichter beieinander, und die Bäume wurden zahlreicher und höher. Schließlich konnten sie nicht mehr normal weitergehen, sondern sie mußten auch die Hände zu Hilfe nehmen, um vorwärtszukommen.

Meto wußte offensichtlich genau, wohin er wollte, obgleich es nicht die geringste Andeutung eines Pfades gab, an den er sich hätte halten können.

Schließlich gelangten sie nach einem ziemlich mühsamen Aufstieg auf eine weitflächige, sonnige Lichtung. Indy keuchte von der Anstrengung und brauchte einige Minuten, ehe sein Atem sich wieder beruhigte. Dann schaute er sich um. Sein Blick blieb sofort an einer Felswand hängen, die am Rand der Lichtung wie ein kleiner Wolkenkratzer in die Höhe ragte.

Auf Maa sagte Meto zu Indy: »Oryx, da oben.«

»Aha, dort hinauf also«, erwiderte Indy. »Das ist gut.«

Die Felswand war steil und fast makellos glatt. Es gab nur wenige Vorsprünge und Risse, aber Indy konnte es gar nicht erwarten, den Kampf gegen das Hindernis aufzunehmen. Allerdings ließ er Meto vorgehen und beobachtete genau, wie dieser mit seinen Fingern und Zehen winzigste Vorsprünge und Unebenheiten suchte und sie als Griffe und Tritte benutzte. Also schlängelte er sich an der

Felswand entlang nach oben und achtete darauf, Meto zentimetergenau zu folgen. Er wollte dabei nicht das geringste Risiko eingehen.

Meto legte ein zügiges Tempo vor. Er zögerte nur selten, um nach dem nächsten Griff zu suchen. Seine Arme und Beine arbeiteten ohne Pause, und er stieg so schnell und leicht nach oben, als würde er eine Leiter hinaufklettern.

Indy war entschlossen, die Felswand auf jeden Fall zu überwinden. Er hatte nicht vor, sich mit Meto zu messen, sondern er wollte nur am Leben bleiben. Er konzentrierte sich auf den Fels und achtete darauf, daß er stets sicher auf drei Punkten ruhte, das heißt, daß seine Füße und Hände immer einen Halt hatten und seinen Körper trugen.

Jeder Muskel seines Körpers vibrierte bis hinein in die Fingerspitzen. Er streckte eine Hand nach dem nächsten Halt aus, als aus einer Felsspalte plötzlich ein Schlangenkopf herausschaute. Indy riß seine Hand so schnell und heftig zurück, daß er beinahe abgestürzt wäre. Die Schlange zischte und kroch auf ihn zu. Indy stieß einen verzweifelten Schrei aus. »Metooo!«

Meto hielt inne und drehte sich um. Die Schlange schob sich den rauhen Fels abwärts auf Indy zu, der voller Entsetzen und völlig hilflos an der steilen Wand klebte.

»Ganz ruhig ...«, sagte Meto in seiner Muttersprache. »Nicht bewegen ... Ich komme schon ...«

Der kleine Massai kletterte an der Felswand vorsichtig zu Indy hinab, zog seinen spitzen Stock aus dem Gürtel und suchte sich auf einem Felsvorsprung einen Stein. Dann konzentrierte er sich auf die Schlange und achtete auf den Schwanz.

Indy hielt die Luft an, als die Schlange ihn berührte und sich allmählich um seinen Arm wickelte. Erst jetzt konnte er erkennen, wie groß das Reptil tatsächlich war: nämlich riesengroß!

Plötzlich wurde Meto aktiv. Er holte aus und stach mit dem Stock nach dem Schwanzende des Tieres. Die Schlange zuckte herum und ließ augenblicklich von Indy ab. Meto schleuderte den Stein und traf die Schlange, die sich daraufhin von der Felswand löste und in die Tiefe trudelte, wo sie liegenblieb.

Indy sah ihr nach und zitterte wie Espenlaub. Meto legte ihm in einer beruhigenden Geste eine Hand auf die Schulter und half seinem Freund, weiter nach oben zu klettern.

Meto gelangte zu einem ziemlich breiten Vorsprung, der beiden Jungen Platz bot. Dann drehte er sich zu Indy um und deutete auf einen Spalt. »Fransenohrige Oryx«, sagte er auf Maa.

Indy sah seinen Gefährten etwas ungläubig an.

»Hier?« fragte er zweifelnd.

Indy tastete sich bis zu Meto vor, der sich nun als erster durch den Felsspalt in eine kleine Höhle zwängte und die Wände der Höhle absuchte. Hier drinnen war es stockdunkel, vor allem im Vergleich zu dem grellen Tageslicht draußen. Ihre Augen brauchten einige Zeit, um sich auf die schlechten Lichtverhältnisse einzustellen. Indy beobachtete seinen Freund und wußte nicht, weshalb Meto ihn hierher geführt hatte.

Der kleine Massai stand vor einer Wand und strich vorsichtig mit den Fingerspitzen darüber. Dann ging er ganz dicht an den Fels heran und studierte ihn eingehend. Schließlich griff er nach Indys Notizbuch und begann darin zu blättern. Sein weißer Freund betrachtete ebenfalls die Wand und sah, wie im schwachen Licht zarte Konturen hervortraten. Er konnte nach und nach die Zeichnungen verschiedener Tiere erkennen. Und eines dieser Tiere war die geheimnisvolle Büschelohrantilope!

Meto hatte mittlerweile Indys Zeichnung im Notizbuch gefunden und hielt sie voller Stolz hoch.

»Oryx«, sagte Meto in seinem heimischen Maa-Dialekt.

Indy nickte. »Ja, die Büschelohrantilope... Aber wo kann ich sie sehen?«

Meto musterte ihn verwirrt. Indy dachte nach, dann deutete er mit den Händen an, als würde er durch ein Fernglas schauen.

»Wo...?« fragte er.

Indy legte eine Hand auf die Höhlenbilder. Meto nickte ernst, dann zuckte er die Achseln, als wüßte er es nicht.

»Du verstehst mich offenbar nicht«, sagte Indy. »Ich muß die Tiere finden. Ich habe es dem Präsidenten versprochen.«

Meto sagte auf Maa das Wort für »Rede langsamer«, aber Indy hatte keine Lust, jetzt ausführlich zu übersetzen.

»Ich *muß* sie finden«, wiederholte er.

Meto dachte nach. Dann gab er sich einen Ruck. Ihm schien irgend etwas einzufallen. Er ergriff Indys Arm und zerrte ihn hinter sich her aus der Höhle. Wieder sagte er einige Worte auf Maa und kletterte die Felswand nach unten.

Indy atmete seufzend aus. Er konnte regelrecht spüren, wie alle Hoffnung, die wunderschönen Antilopen zu finden, ihn mit diesem Seufzer verließ.

Das afrikanische Klima und die Vormittage im Busch setzten Helen Seymour heftig zu. Sie war bereits im ersten Morgengrauen aufgestanden, weil die aufgehende Sonne in ihr Zelt geschienen und ein Weiterschlafen unmöglich gemacht hatte. Dann, etwa gegen neun oder halb zehn, dachte sie schon wieder an ein kleines Nickerchen. So etwas gab es in England nicht.

Während sie an diesem Vormittag ihr Nickerchen hielt, drängte sich nach und nach ein rhythmisches Schnaufen in ihr Bewußtsein. Es erklang in nächster Nähe ihres Zeltes. Miss Seymour schlug die Augen auf, erhob sich von ihrem Klappsessel, ging zum Zelteingang und schaute hinaus.

Dort bot sich ihr ein erstaunlicher Anblick. Vor seinem Zelt, das von ihrem nicht sehr weit entfernt stand, war der ehemalige Präsident der Vereinigten Staaten Theodore Roosevelt damit beschäftigt, schwere Hanteln zu stemmen. Er ging in die Knie, richtete sich wieder auf und stemmte die Gewichte hoch über seinen Kopf. Diesen Vorgang wiederholte er mehrmals. Es schien ihn nicht zu stören, daß er mittlerweile schon ein wenig lächerlich aussah. Seine Brille war ihm durch die ungewohnte heftige Bewegung und durch den Schweiß in seinem Gesicht bis auf die Nasenspitze gerutscht, und sein beträchtlicher Bauch quoll aus seiner Hose und wabbelte über dem Gürtel.

Trotzdem hatte dieser Mann eine überhaupt nicht komische Ausstrahlung, der sich die Menschen in seiner Umgebung nicht entziehen konnten. Auch Miss Seymour wurde erheblich davon beeinflußt, wie sie sich selbst eingestehen mußte. Irgendeinen Grund mußte es ja dafür geben, daß sie ständig errötete und ins Stottern geriet, wenn dieser imposante Mann sie ansprach ...

Indys Lehrerin schaute auf ihre Taschenuhr und rechnete nach, wie lange sie geschlafen hatte. Es war mittlerweile Viertel nach zehn. Zehn Uhr fünfzehn? Henry hätte sich schon längst, nämlich um zehn, zu einer Lateinstunde bei ihr melden müssen.

Sie ging zu seinem Zelt hinüber. »Henry?« rief sie

in den Eingang. Keine Antwort. Danach suchte sie das Zelt des Tierpräparators auf. Draußen, an seinem Arbeitstisch, stand Mr. Heller und war damit beschäftigt, einen Nashornkadaver zu zerlegen. Miss Seymour schaute ins Zelt, aber auch dort fand sie keinen Indy.

Als sie wieder zurückging und an den Wasserbehältern vorbeikam, entdeckte sie vor einem anderen Zelt Professor Jones und seine Frau.

»Professor?« rief sie, während sie ihre Schritte beschleunigte und zu ihm hinübereilte. »Ich kann Henry nirgendwo finden!«

Henry Jones, der gerade einen Tisch nach draußen getragen hatte, um die Arbeit an der Vorbereitung seiner nächsten Vorlesungen fortzusetzen, richtete sich auf. »Wann haben Sie ihn denn zum letztenmal gesehen?«

Miss Seymour dachte angestrengt nach. Irgendwann an diesem Morgen ... Er war durchs Camp gelaufen, während sie ihr Zelt aufgeräumt hatte. »Vor zwei Stunden vielleicht«, antwortete sie. »Es können auch drei gewesen sein.«

»Wahrscheinlich streunt er irgendwo in der Nähe herum und hat ganz einfach Zeit und Stunde vergessen«, sagte Anna Jones, die immer bereit war, ihren Sohn in Schutz zu nehmen. Dabei verdüsterte sich allerdings ihr Gesicht vor Sorge.

Helen Seymour schüttelte den Kopf. »Wenn das wirklich der Fall sein sollte, dann bin ich einigermaßen verärgert. Ich habe ihn nämlich vor solchen Abenteuern gewarnt. Dies ist sicher nicht der geeignete Ort, um sich zu verlaufen oder um ohne Schutz auf Entdeckungsreise zu gehen.«

Professor Jones versuchte, die Frauen zu beruhigen. Auf keinen Fall durfte Panik aufkommen.

»Am besten sucht jeder von uns in einer anderen

Richtung. Es dürfte doch nicht so schwer sein, einen Zehnjährigen zu finden.«

»Mein Gott, hoffentlich ist ihm nichts passiert...« Miss Seymour wurde von Minute zu Minute blasser.

»Gehen Sie in diese Richtung«, sagte Professor Jones zu seiner ehemaligen Tutorin und wies auf die Büsche, die diesen Teil des Camps säumten. »Ich sehe mich mal auf der anderen Seite um. Und du, Anna, nimmst dir die Zelte vor.«

Miss Seymour raffte ihren langen Rock hoch und wanderte zum Lagerrand. Henry unternahm eine Entdeckungsreise, natürlich. Es war genau das, was ein Zehnjähriger tat, wenn eigentlich Lateinunterricht vorgesehen war. Bestimmt hatte er sich nicht allzuweit vom Lager entfernt. Durchaus möglich, daß er irgendwo in den Büschen umherkroch auf der Jagd nach irgendeinem kleinen Tier. Dort würde sie ihn finden, ihm einen ernsten Vortrag über seine Rechte und Pflichten halten und dann mit ihm zurückkommen und die versäumte Lateinstunde nachholen.

Aber während sie die undurchdringlichen Büsche und Sträucher am Rand des Camps absuchte, konnte sie sich eines tiefen Unbehagens nicht erwehren. In diesem Moment war Indys versäumte Unterrichtsstunde das letzte, was sie interessierte.

9
Die Suche

Indy und Meto waren völlig außer Atem. Die beiden Jungen hatten eine lange Strecke unter einer gnadenlos auf sie herabbrennenden Sonne im Dauerlauf zurückgelegt und waren total erschöpft. Endlich sahen sie den Massaikral vor sich, in dem Meto mit seiner Familie wohnte. Soeben wurde eine kleine Rinderherde durch einen Durchlaß in dem Schutzwall aus Dornengestrüpp nach draußen in die Steppe getrieben.

Meto und sein weißer Freund warteten, bis das letzte Tier herausgekommen war; dann betraten sie die kleine umfriedete Siedlung. Vor einigen Lehmhütten waren Frauen zu sehen, die ihrer Arbeit nachgingen, ohne sich von den Neuankömmlingen stören zu lassen. Vor einem anderen Zelt stand eine Gruppe junger Krieger zusammen, die sich unterhielten. Kinder liefen fröhlich kreischend herum und übten Hochsprung über einen Stock, den sie auf zwei auseinanderstehende Büsche gelegt hatten.

Die jungen Massai unterbrachen kurz ihre Unterhaltung und musterten den Fremden mißtrauisch. Indy selbst schaute neugierig zu einer der großen Hütten in der Mitte des Dorfes hinüber. Dort standen einige besonders farbig herausgeputzte Krieger, deren Speere in der Sonne funkelten, als wenn sie auf Hochglanz poliert worden wären.

Auf einmal war Indy sich nicht mehr so sicher, ob er richtig gehandelt hatte, als er Meto hierher begleitet hatte. Wenn die Massai nun gar nicht so gastfreundlich waren, wie er nach seinen Erfahrungen mit den Einheimischen im Camp angenommen hatte... Falls ihm hier etwas zustieß, würde niemand im Safaricamp etwas davon bemerken. Indiana Jones wäre vom einen auf den anderen Tag spurlos verschwunden...

Indy spürte, wie ihm plötzlich der Schweiß ausbrach. Lächerlich, wer sollte ihm hier etwas antun wollen? Schließlich hatte er sich nicht das geringste zuschulden kommen lassen und war mit den Einheimischen immer freundlich umgegangen. Er gab sich Mühe, seinem Gesicht einen freundlichen Ausdruck zu verleihen, ohne dabei allzu lächerlich auszusehen.

Zwei Massaijungen in Metos Alter näherten sich ihnen zögernd. Meto winkte ihnen zu und rief etwas. Einer der beiden schüttelte den Kopf, bis Meto weiterredete. Dann erst hellten sich die Gesichter der beiden auf, und sie kamen herbei.

Meto ließ sich von Indy das Notizbuch geben, schlug die Seite mit der Zeichnung der Büschelohrantilope auf und erklärte seinen Freunden das Bild. Einer der Jungen nickte und deutete dann auf eine der Hütten, vor der ein kleines Kochfeuer brannte. Drei Frauen hockten um die Flammen herum und waren offensichtlich damit beschäftigt, eine Mahlzeit zuzubereiten.

Die drei dunkelhäutigen Jungen gingen zu der Hütte hinüber. Indy, der kein Wort von dem verstand, was die Massaikinder erzählten, überlegte nicht lange und folgte ihnen wie selbstverständlich. Auf keinen Fall wollte er jetzt allein bleiben.

Vor der Hütte blieben sie stehen, und Meto zeigte den Frauen die Zeichnung der Büschelohroryx. Sie hoben die Schulter: Nein, so etwas hatten sie noch nicht gesehen. Doch eine Frau murmelte ein paar unverständliche Worte, woraufhin Meto und seine Freunde die Hütte betraten.

Indy war unschlüssig, was er tun sollte. Irgendwo hatte er mal etwas von verbotenen Zonen bei Naturvölkern gelesen. Es gab in solchen Dörfern Bereiche, die ein Fremder niemals betreten durfte. Ein solches Verbot gab es zum Beispiel bei bestimmten Zelten der Indianer Amerikas – warum also nicht auch bei irgendwelchen Hütten der eingeborenen Afrikaner?

Die Frauen starrten ihn fast feindselig an. Lag es vielleicht an seiner Kleidung? Wollten sie ihm mit Blicken klarmachen, daß er die Hütte nicht betreten dürfte?

Plötzlich wurde das Fell, das den Einlaß verschloß, zurückgeschlagen, und Meto steckte den Kopf heraus. Er ergriff Indys Arm und zog ihn zu sich herein.

In der Mitte der Hütte saß eine alte Frau. Vor ihr lag aufgeschlagen Indys Notizbuch. Die beiden Jungen, Metos Freunde, knieten neben ihr und betrachteten die Zeichnung. Alle redeten wild und aufgeregt durcheinander.

Indy hatte nur Augen für die alte Frau. Noch nie hatte er ein so verwittertes, aber gleichzeitig tiefe Güte ausstrahlendes Gesicht gesehen. Die Frau stieß jetzt einen scharfen Ruf aus, der alle zum Schweigen brachte. Dann sah sie Indy an und lächelte.

»Hallo ...«, sagte die alte Frau.

»Sprechen Sie Englisch?« erkundigte Indy sich.

Die Alte erhob sich langsam und schüttelte den Kopf. »Nein.« Dann murmelte sie etwas auf Maa, das Indy wiederholte. Die Jungen lachten schallend.

»Was habe ich denn jetzt gesagt?« fragte Indy Meto verwirrt.

Die alte Frau schritt in majestätischer Haltung aus der Hütte hinaus, die Jungen und Indy folgten ihr in einigem Abstand. Als sie an den Frauen am Feuer vorbeikamen, rief Meto ihnen etwas zu. Daraufhin ließen zwei von ihnen ihre Arbeit liegen und schlossen sich der kleinen Prozession an.

Auch einige der jungen Krieger wurden von ihrer Neugier getrieben, dem Zug zu folgen. Schließlich war die Schar, die den Kral verließ, auf fast zwanzig Personen angewachsen.

Die Kinder in dem Zug hatten ihre Scheu vor Indy mittlerweile völlig verloren. Sie rannten neben ihm her, faßten ihn an und versuchten, durch sein Fernglas zu schauen. Aber wenn Indy sich erkundigte, wohin die alte Frau sie führte, lachten die Befragten ihn nur an und klopften ihm auf die Schulter.

Schließlich drängte sich Indy zwischen den Kindern und den anderen Schaulustigen nach vorne zu Meto durch, der dicht hinter der alten Frau herging.

»Suchen wir jetzt die Oryx?« fragte Indy, indem er wieder einmal alle Maa-Brocken zusammenkratzte, die er bisher gelernt hatte.

Meto nickte nur und lächelte vielsagend.

Während Indy durch die Steppe wanderte, gingen seine Eltern und Miss Seymour vor Präsident Roosevelts Zelt nervös auf und ab.

»Haben Sie wirklich überall nachgeschaut?« fragte Roosevelt.

»Aber sicher doch«, erwiderte Miss Seymour. »Für mich gibt es keine andere Möglichkeit – er ist verschwunden.«

»Vielleicht sieht er sich nur die Gegend an«, versuchte Roosevelt abzuwiegeln. »Oder er beobachtet Vögel oder macht sonstwas.«

Anna Jones schüttelte den Kopf. In ihren Augen standen Tränen. »Allein Gott weiß, was ihm da draußen an Gefahren droht«, sagte sie. »Vielleicht ist auch etwas ganz Schlimmes passiert. Er wäre doch gewiß nicht so einfach verschwunden, wenn nicht irgend etwas Besonderes vorgefallen wäre.«

»Jetzt mach dich nicht selbst verrückt«, versuchte Professor Jones seine Frau zu trösten. »Sehr weit kann er sich nicht entfernt haben. Wie sollte er auch. Er weiß, wann hier im Camp gegessen wird, und ich glaube, daß der Hunger ihn schon zurücktreibt.«

»Richtig«, sagte Roosevelt. »Ich bin überzeugt, daß ihm nichts zugestoßen ist.« Dann drehte er sich zu einem Zelt in der Nähe um und rief: »Kermit!«

Sein Sohn tauchte im Zelteingang auf. Er wirkte in diesem Moment, als hätte sein Vater ihn bei irgend etwas Verbotenem ertappt. »Ja, Dad? Was ist denn?«

»Trommle sofort eine Suchmannschaft zusammen!« verlangte der Ex-Präsident mit dröhnender Stimme.

»Jetzt sofort, Dad?« erkundigte sich Kermit, der glaubte, nicht richtig gehört zu haben.

»Jawohl, jetzt! Auf der Stelle!«

Helen Seymour betrachtete den Mann mit unverhohlener Bewunderung. Wenn Indy sie so hätte sehen können, wäre er wahrscheinlich vor Vergnügen geplatzt. So sah jemand aus, der sich unsterblich verliebt hatte. Mit schmachtenden Blicken schaute die stets auf Form bedachte Britin zu »ihrem« Präsidenten auf.

Roosevelt hatte die unleidliche Angelegenheit mittlerweile ganz in seine starken Hände genommen. Wenn er eine der größten und mächtigsten Nationen der Erde hatte führen können, dann müßte er mit so einem lächerlichen Problem doch im Handumdrehen fertig werden.

Als er bemerkte, daß Mrs. Jones mittlerweile in

Tränen ausgebrochen war, sagte er mit ungewöhnlich sanfter Stimme: »Machen Sie sich keine Sorgen, Mrs. Jones. Wir werden ihn finden.«

Helen Seymour nickte heftig. »Das stimmt, Anna«, sagte sie. »Ich bin überzeugt, daß Mr. Roosevelts Suche Erfolg haben wird.«

Aber als Professor Jones seine Frau in den Arm nahm, um sie zu beruhigen, wirkte Indys Lehrerin schon längst nicht mehr so überzeugt.

10
Des Rätsels Lösung

Es war schon später Nachmittag, als Indy den leisen, melodischen Klang einer kunstvoll geblasenen Flöte vernahm. Die Prozession aus dem Massaikral war seit mehr als einer Stunde durch die brütende Hitze gewandert, und in Indys Kopf herrschte ein dumpfes Pochen und Dröhnen. Zuerst nahm er an, daß der Flötenklang gar nicht wirklich existierte, sondern daß er sich diese Musik nur einbildete.

Seine neuen Freunde und die Kinder und die anderen Teilnehmer der Exkursion erweckten den Eindruck, als hätten sie gerade einen kurzen Spaziergang hinter sich. Sie unterhielten sich, und die Kinder sprangen herum, scherzten und sangen gelegentlich sogar.

Für Indy war diese Ausdauer ein Rätsel. Er sehnte sich nach nichts anderem als nach einer Badewanne voll kalten Wassers, in die er sich hineinlegen könnte. Er hätte sich am liebsten einfach ins Gras fallenlassen, um nur keinen einzigen Schritt mehr gehen zu müssen.

Die alte Frau schien sein stummes Flehen zu erhören, denn sie blieb abrupt stehen. Dabei deutete sie mit ausgestreckter Hand auf einen kleinen grasbewachsenen Hügel, der sich ein Stück voraus aufwölbte. Indy sah Rauchwölkchen über dem Hügel schweben und sich in der flimmernden Luft auflösen. Er kniff die Augen zusammen, überschattete sie mit der Hand und versuchte, etwas zu erkennen. In der Ferne erkannte er undeutlich eine männliche Gestalt, die auf dem Erdboden saß, sich an einen Baumstamm lehnte und auf einer Flöte spielte. Neben dem Mann brannte ein kleines Feuer.

»Wer ist das?« fragte Indy die alte Frau.

Sie nickte und sagte nur ein Wort: »Laibon.« Dann deutete sie auf Indys Notizbuch, das er schon die ganze Zeit in der Hand hielt. Mit einem weiteren Kopfnicken bedeutete sie Indy, er solle zu dem Mann hingehen und ihm seine Fragen stellen.

Indy begann zu begreifen, weshalb sie diesen langen Fußmarsch unternommen hatten. Dieser Laibon schien so etwas wie ein Weiser des Stammes zu sein, der besonderes Ansehen genoß. Wahrscheinlich war er derjenige, der ihm einiges über die von ihm gesuchte Antilopenart erzählen konnte.

Als sie den Hügel hinaufstiegen, verstummten die Massai und ließen sich mit allen Anzeichen der Ehrfurcht im Halbkreis um den Laibon auf der Erde nieder. Der alte Mann unterbrach sein Flötenspiel und ließ das Instrument sinken. Sein dunkles Gesicht war von unzähligen Linien und Falten zerfurcht und erinnerte Indy an altes gegerbtes Leder. Die Augen des Alten hatten einen unerwarteten Glanz, als er den kleinen Weißen mit einem schnellen Blick musterte und ihn in diesem kurzen Moment zu durchschauen und abzuschätzen schien. Indy erschauerte regelrecht unter diesem Blick, der ihm bis tief ins Herz drang. Der Laibon schien ein Mensch zu sein, der neben umfangreichem Wissen auch noch mit besonderen anderen Fähigkeiten ausgestattet war.

Indy schlug sein Notizbuch wieder auf und zeigte dem Weisen die Zeichnung von der Büschelohroryx. Dann riß er die Augen auf und drehte den Kopf hin und her, als würde er irgend etwas suchen.

Die alte Frau aus dem Kral nahm Indy das Buch aus der Hand und reichte es dem Laibon. Dieser legte die Flöte neben sich ab und griff nach dem Buch.

Nachdem er die Zeichnung lange betrachtet hatte, nickte er. Indem er langsam aufsah, sprach er auf Maa das Wort aus, das die Büschelohroryx bezeichnete.

»Ja, Büschelohrantilope«, erwiderte Indy auf Maa. »Wo ist sie?«

Der Laibon schwieg für einen Moment. Dann beugte er sich vor und glättete mit der rechten Hand vor sich eine Fläche im Staub. Anschließend sah er wieder auf und sagte etwas zu Meto, der daraufhin aufsprang, vom Baum einen Zweig abbrach und ihn dem alten Mann reichte.

Langsam zeichnete der Laibon einen geraden, horizontalen Strich in den Staub. Dann klopfte er mit der flachen Hand auf die Erde und sagte erneut ein Wort im Maa-Dialekt. Indy vermutete, daß dieses Wort soviel wie »Erde« bedeuten mußte und wiederholte es.

Der Laibon nickte und zeichnete nun dicht unter der Linie einen Kreis, den er dann mit einem weiteren geraden Strich versah, der die horizontale Linie schnitt. Der Alte schien damit andeuten zu wollen, daß sich irgend etwas in der Erde befand. Indy dachte sofort an eine Pflanze oder eine Frucht. Er runzelte die Stirn und dachte nach.

»Was ist das?« fragte er auf Maa.

Der Laibon schüttelte den Kopf, sagte ein Wort und deutete dabei mit den Händen die Größe des runden Gebildes an. Dann führte er Gesten aus, denen Indy entnahm, daß man dieses Gebilde essen konnte. Also tatsächlich eine Frucht, dachte der kleine Weiße.

Was wuchs in der Erde? Vielleicht eine Melonenart? Indy hatte in einem Buch gelesen, daß es solche Pflanzen gerade hier in Afrika sehr zahlreich gab. Also eine Melonenart, entschied er und wiederholte das Wort, das der Laibon gesagt hatte. Dieser nickte.

»Sehr gut. Melone.« Er zeichnete mit schnellen

Strichen die Konturen der Antilope auf den Strich, der die Erdoberfläche darstellte. Das Tier schien zu grasen ...

»Eine Melone oder eine Wurzelfrucht, die diese Antilopen fressen!« ging Indy plötzlich ein Licht auf.

Er lachte. Die alte Frau stimmte in das Lachen mit ein. Dabei wiederholte sie mehrmals das Wort, das die Frucht bezeichnete. »Melone, Melone«, sagte sie.

Indy nickte. »Ja, Melone.«

Plötzlich ging eine Bewegung durch die Umsitzenden. Alle nickten zustimmend und lachten Indy an. Dann fuhr der Laibon mit seiner Erklärung fort und deutete auf das Feuer. Auch diesmal nannte er in seiner Sprache das entsprechende Wort.

»Feuer ...«, sagte er. »Feuer.«

Meto, der ein Stück von Indy entfernt saß, betrachtete die Zeichnung von der Melone und dachte nach. Dann stand er auf und entfernte sich heimlich. Niemand schien etwas zu bemerken.

Der Laibon zeigte jetzt auf das Feuer und redete weiter.

Feuer ... Die Oryxe fressen eine Melone ... Indy fing an, die einzelnen Hinweise zusammenzufügen. Er erinnerte sich, wie Präsident Roosevelt einmal erwähnt hatte, daß die Büschelohrantilopen früher in dieser Gegend gelebt hatten. Das bedeutete doch, daß auch die Melonenart hier existiert haben mußte. Indy konnte sich aber nicht erinnern, seit seiner Ankunft im Safaricamp auch nur eine einzige Melone gesehen zu haben. Aber das hatte nicht unbedingt etwas zu bedeuten.

»Hat das Feuer diese Erdmelonen vernichtet?« fragte Indy.

Der Laibon sah ihn verständnislos an. Indy wiederholte das Maa-Wort für Melone, wies auf die

Zeichnung und machte mit der Hand eine Bewegung, als würde er sie auswischen.

Jetzt verstand der alte Mann, was Indy meinte, und schüttelte verneinend den Kopf. Er fuhr damit fort, den Umstehenden Dinge zu erklären und mit seinen Händen darzustellen. Es war ziemlich kompliziert, aber Indy reimte sich die Einzelheiten nach und nach doch zusammen. Eines war zumindest klar: Aus irgendeinem Grund waren diese Erdmelonen verschwunden, was zur Folge hatte, daß auch die Büschelohrantilopen diese Gegend verlassen hatten.

»Ich glaube, ich verstehe jetzt alles«, sagte Indy, als der Alte seine Erklärungen beendet hatte. »Wenn wir diese Melonenart finden, haben wir eine Chance, auch die gesuchte Oryxart zu sehen.«

Er sah den Laibon an. Der alte Mann konnte ihn nicht verstanden haben, aber er schien zu spüren, daß Indy mit der Erklärung zufrieden war.

»Ich danke Ihnen«, sagte Indy, während er sein Notizbuch schloß und sich erhob. »Vielen Dank!«

Dann streckte er dem Weisen die Hand entgegen. Der Laibon ergriff sie, hielt sie für einen Moment fest und drückte sie leicht. Danach nahm er seine Flöte und begann wieder zu spielen.

Die Massai schienen die Melodie zu kennen, denn sie stimmten mit leisem Gesang ein.

Indy sah sich suchend um. Wo war Meto? Er rief seinen Namen: »Meto!«

Doch sein Freund war nirgendwo zu sehen. Statt dessen erkannte Indy, daß die Sonne schon dicht über dem Horizont stand. Es wurde Abend. Nicht mehr lange, und die Nacht bräche an.

»Mein Gott!« stieß er aufgeregt hervor. »Ich muß schnellstens ins Camp zurück!«

Und er rannte alleine den Hügel hinab ...

11

Der Ausreißer

Im Safaricamp herrschte eine bedrückende Stille. Die fröhlichen Gesänge der einheimischen Helfer waren verstummt, und auch die dröhnende Stimme Theodore Roosevelts hallte nicht mehr über die Köpfe der Safariteilnehmer hinweg und gab ihre Befehle. Nein, das Camp lag da wie ausgestorben. Alle waren aufgebrochen und draußen in der Steppe und im Hügelland unterwegs, um Indiana Jones zu suchen.

Nur Anna Jones, seine Mutter, war zurückgeblieben für den Fall, daß er irgendwann auftauchte. Sie fand keine Ruhe und ging nervös auf und ab. Ab und zu warf sie einen besorgten Blick zum Horizont. Dort hing die Sonne bereits als blasser orangefarbener Ball am Himmel. Lange würde es nicht mehr dauern, bis sie unterging und der Dunkelheit Platz machte.

Mit dem Einbruch der Dunkelheit würde auch die Suche abgeblasen werden müssen, und ihr Sohn wäre dann sich selbst überlassen und müßte die Nacht allein in der Wildnis verbringen. Falls er überhaupt noch lebte...

Diesen Gedanken wagte Anna Jones nicht zu Ende zu denken und verdrängte ihn sofort. Sie konnte nur mühsam die Tränen zurückhalten. Indy hatte schon eine Reihe von recht gefährlichen Situationen erlebt, und bisher hatte er es immer geschafft, sich elegant aus allen Mißlichkeiten zu befreien. Gewiß würde ihm das auch diesmal gelingen. Jeden Augenblick würde er ins Lager kommen, und alles wäre wieder in Ordnung.

Als sie das Geräusch sich nähernder Pferdehufe

hörte, bekam ihre Hoffnung neue Nahrung. Dem Lärm nach zu urteilen, waren es sogar recht viele Pferde. Anna Jones rannte zum Rand des Lagers, gefolgt von den wenigen Einheimischen, die zurückgeblieben waren.

Annas Mann und Theodore Roosevelt trafen als erste ein. Ihnen folgten einige Askaris und Gewehrträger, aber kein Indy. Anna sah den Professor fragend an und hoffte auf angenehme Neuigkeiten. Doch Henry Jones Senior schüttelte den Kopf. »Wir können ihn nirgends finden.«

»Vielleicht hat er sich irgendwo ein sicheres Versteck gesucht«, sagte sie.

»Das kann man nur hoffen«, erwiderte Roosevelt. Er wandte sich um und gab den farbigen Helfern ein Zeichen. Dann rief er: »Zündet dort oben auf dem Hügel ein großes Feuer an.« Und zu Anna sagte er: »Vielleicht ist er ja gar nicht so weit von hier entfernt. Wenn er in der Nähe ist, dann kann er den Feuerschein sehen und weiß, in welche Richtung er laufen muß, um uns zu finden.«

Die Männer eilten davon, um den Befehl des Präsidenten auszuführen, und Anna Jones schickte ein stummes Bittgebet zum Himmel...

Es war nur gut, daß Indys Mutter nicht sehen konnte, wo ihr Sohn sich in diesem Augenblick befand. Und es war auch gut, daß sie nicht wußte, wie er sich fühlte: Schrecklich! Indy hatte so furchtbare Angst wie schon lange nicht mehr. Er war allein in der Steppe und hatte das Gefühl, um sein Leben rennen zu müssen. Als es noch hell war, konnte er sich wenigstens an einigen markanten Punkten in der Landschaft orientieren, die er sich vom Hinweg gemerkt hatte. Doch mit dem Anbruch der Nacht, die sich schnell wie ein schwarzes Tuch auf das Land legte, war ihm diese Möglichkeit der Orientierung genommen. Jetzt konnte er nur hoffen, daß er wirklich in der Richtung unterwegs war, in der er das Camp vermutete, und nicht im Kreis lief.

Er wußte nur, daß er sich irgendwo zwischen dem Camp, dem Massaikral und seiner Heimat Amerika befinden mußte. Sehen konnte er so gut wie nichts mehr. Dafür lieferten seine Ohren ihm mehr Informationen, als ihm lieb war.

Links von sich vernahm er ein Knurren und Schnauben, rechts brachen ein paar Zweige und Äste. Hinter den Büschen, die ihn umgaben, schienen sich riesige Tierschatten zu verbergen. Oder waren diese Schatten lediglich die Konturen der Büsche? Indy hatte wenig Lust, stehenzubleiben und sich von der Richtigkeit seiner Vermutungen zu überzeugen.

Panik machte sich in ihm breit und beschleunigte den Schlag seines Herzens. Seine Füße trommelten auf den Erdboden, als er rannte. Jede Müdigkeit war wie weggeblasen. Dornenranken peitschten ihm ins Gesicht und rissen an seinen Kleidern.

Warum mußte ich nur so blöd sein! schrie eine Stimme in seinem Bewußtsein. Ausgerechnet du glaubst, diese verdammte Antilope mit den ausgefransten Ohren und ihre dämliche Melone zu finden.

Dann dachte er an Meto und spürte, wie ihm das Blut in den Kopf schoß. Unbändiger Zorn auf den Jungen erfüllte ihn. Wo war er nur abgeblieben? Warum war er überhaupt weggelaufen? Hatte er seinem Freund einen grausamen Streich spielen wollen?

Indy spürte, wie ihm ein brennender Schmerz durch den Fuß schoß. Er war gefangen – aber worin? In einem Erdloch? Oder war er über eine freiliegende Wurzel gestolpert? Er fand keine Zeit mehr, sich diese Fragen zu beantworten, denn sein Körper flog plötzlich nach vorne. Instinktiv streckte er die Arme aus, um seinen Sturz abzufangen, und wappnete sich innerlich gegen den Schmerz der Landung.

Doch er erreichte den Erdboden gar nicht. Irgend etwas bremste ihn, hielt ihn auf. Etwas, das größer war als Indy – sehr viel größer und sehr lebendig...

Indy verlor völlig seine Orientierung. Die Luft wurde ihm ruckartig aus den Lungen gepreßt, und er sah überhaupt nichts mehr. Dann spürte er, daß er hochgehoben und wieder auf festen Boden gestellt wurde.

Er schüttelte heftig den Kopf, als könnte er damit den Schleier zerreißen, der sich anscheinend auf seine Augen gelegt hatte. Nachdem er mehrmals gezwinkert hatte, riß er die Augen auf – und starrte genau in zwei funkelnde Augen, die ihn aus der Dunkelheit drohend fixierten. Zunächst dachte Indy an ein Raubtier, einen Löwen vielleicht, aber er sah nichts von einer Mähne. Er sah auch kein Maul oder blitzende Reißzähne. Und wenn er sich recht besann, dann hatte er auch kein Fell gespürt, als er hochgehoben worden war. Also konnten die Augen vor ihm nur einem Menschen gehören...

Eigentlich hätte er darüber erleichtert sein müssen. Aber woher sollte er wissen, zu welchem Stamm dieser Kerl gehörte oder ob er überhaupt seine Sprache verstand... vom Sprechen einmal ganz zu schweigen.

Indy versuchte sich an ein Begrüßungswort im Maa-Dialekt zu erinnern, doch ihm fiel absolut nichts ein. Statt dessen regte sich in ihm nur noch der Wunsch, schnellstens wieder im Camp und bei seinen Eltern zu sein.

Die Augen bewegten sich nun, und Indy konnte darunter ein dunkles Gesicht erkennen, das sich zu einem Lächeln verzog. Zumindest erschien es dem Jungen so.

Dann ertönte eine männliche Stimme: »Henry?«

Woher kannte der Fremde seinen Namen? Indy sagte nichts, sondern starrte ihn nur an.

»Askari«, fuhr der Mann fort und ließ Indy los. Nun schlug er mit der flachen Hand gegen das Gewehr, das an einem Riemen an seiner Schulter hing. »Mr. Roosevelt, Sir. Safari.«

»Sie ... Sie gehören zu ...?« stotterte Indy.

Der dunkelhäutige Soldat lachte schallend und schlug sich vor Vergnügen auf den Oberschenkel. »Ich mache dir Angst?« fragte er völlig unschuldig.

Indy fand die Situation überhaupt nicht lustig, aber er war trotzdem erleichtert. Augenblicklich machte sich seine Erschöpfung bemerkbar, als hätte er sich in der letzten Stunde nur mit Hilfe seiner Willenskraft auf den Beinen halten können.

»Komm, ich bringe dich zurück«, sagte der Askari. »Alle nach dir suchen. Dich ganz schlimm vermissen.«

Gemeinsam wanderten sie los in Richtung eines Berges in der Ferne, auf dessen Spitze ein helles Feuer loderte. Rauch, der von unten beleuchtet wurde, stieg in den schwarzen Himmel, wo er sich zwischen den Sternen verlor.

Während sie sich dem Feuer näherten, erkannte Indy im orangefarbenen Lichtschein eine vertraute Gestalt. Er mußte unwillkürlich lächeln, als die Gestalt den Berg heruntergerannt kam, wobei ein weiter Rock um ihre Beine flatterte.

»Mom?« rief Indy. Nach wenigen Sekunden erreichte ihn seine Mutter. Sogar in der Dunkelheit war deutlich zu erkennen, daß sie geweint hatte. Sie schloß Indy in die Arme und drückte ihn an sich. Dann hielt sie ihn ein Stück von sich weg und betrachtete ihn voller Erleichterung und Sorge zugleich.

Als sie sicher sein konnte, daß ihm nichts zugestoßen war, funkelte plötzlich Zorn in ihren Augen, und sie schüttelte ihn heftig. »Tu das niemals – ich wiederhole, niemals – wieder. Ich war ganz krank vor Sorge!«

Anna Jones bedankte sich bei dem Askari und kehrte mit Indy ins Camp zurück. Professor Jones und Theodore Roosevelt standen am Lagerfeuer. Als Indy auf sie zukam, betrachteten sie ihn nur stumm. Indy lächelte verlegen, doch die Mienen der beiden Männer blieben unbewegt.

Als Indy den Gesichtsausdruck seines Vaters erkannte, wünschte er sich für einen kurzen Moment wieder in den Busch zurück. Dort war er zwar furchtbar allein gewesen, aber ihm hatte keine Strafe gedroht, die ihn jetzt mit ziemlicher Gewißheit erwartete.

Präsident Roosevelt ergriff schließlich als erster das Wort: »Ich glaube, du hast für heute genug Wirbel verursacht, junger Freund. Ich bin sehr enttäuscht von dir, Henry. Ich hatte wirklich angenommen, du wärst klüger.«

»Aber, Sir«, protestierte Indy. »Ich hatte Ihnen doch gestern versprochen, daß ich ...«

»Papperlapapp!« unterbrach Roosevelt ihn mitten im Satz. »Ich will jetzt keine faulen Ausreden hören.« Und zu Indys Vater gewandt, bemerkte er: »Professor Jones, ich empfehle Ihnen, Ihren Sohn in Zukunft besser im Auge zu behalten. Die afrikanische Wildnis ist ganz gewiß kein Spielplatz für Kinder.«

Roosevelt machte auf dem Absatz kehrt und marschierte davon, um allgemein bekanntzugeben, daß der Ausreißer gefunden worden war und die Suche abgebrochen werden konnte.

Das Gesicht von Henry Jones hatte sich gerötet. Er stand da und hatte den Kopf gesenkt wie ein ertappter Sünder. Indy war sich bewußt, daß sein Vater diese Schande allein ihm zu verdanken hatte. Er wagte nicht, ihn anzusprechen. Dies war vermutlich der schlimmste Tag in Indys bisherigem Leben, er hatte sich noch nie so niedergeschlagen gefühlt. Er hatte seine Mission nicht erfolgreich beendet und zudem noch seinen einzigen afrikanischen Freund verloren. Zu allem Überfluß waren seine Eltern nun auch noch wütend auf ihn. Alles wäre sicherlich nur halb so schlimm gewesen, wenn er wenigstens die Büschelohrantilope aufgestöbert hätte...

»Es tut mir leid«, sagte Indy mit zaghafter Stimme.

»Das kann ich mir sehr gut denken!« erwiderte Professor Jones in heftigem Ton. »Du gehst sofort zu Bett, und das Abendessen kannst du für heute streichen, verstanden, Bürschchen?«

Indy nickte schicksalsergeben, wandte sich um und trottete zu seinem Zelt. Dort warf er sich auf sein Feldbett. Nach einigen Minuten holte er das Notizbuch aus seiner Hosentasche, stand noch einmal auf und zündete eine Petroleumlampe an. Er legte das Buch auf sein Bett, schlug es auf und betrachtete die Zeichnung der Büschelohroryx und seine Notizen dazu. Dann begann er wie wild zu schreiben und fügte zusammen, was der Laibon ihm erzählt hatte. Er mußte dem Präsidenten wenigstens mitteilen, wie es kam, daß diese Antilopenart verschwunden war... falls es sich tatsächlich so verhielt. War es möglich, daß noch einige Exemplare in dieser Gegend existierten? Und wenn ja, wie könnte man sie aufstöbern?

Indy kam nicht mehr dazu, diesen Gedanken zu Ende zu denken, denn der Schlaf übermannte ihn. Er klappte das Buch zu, legte es unter sein Bett, zog sich die Decke hoch bis ans Kinn und schloß die Augen.

Im Camp herrschte friedliche Ruhe. Nachdem der verlorene Sohn sich wiedergefunden hatte, waren alle in ihre Zelte verschwunden, um die letzten Stunden der Nacht zum Schlafen zu nutzen. Nichts rührte sich, und die Feuer waren völlig heruntergebrannt.

Als ein Geräusch vor seinem Zelt ertönte, wußte Indy anfangs nicht, ob er sich das nur einbildete. Er schlug die Augen auf und fragte sich, wie lange er schon geschlafen hatte. Er wußte es nicht zu sagen, aber auf jeden Fall war es noch dunkel, die Nacht war also noch nicht vorüber. Eigentlich hätte niemand im Camp herumlaufen dürfen.

Da! Wieder dieses seltsame Kratzen... ganz nah. Indy rührte sich nicht und wagte kaum zu atmen. Vor seinem Zelt bewegte sich etwas. Im Mondlicht war ein Schatten zu erkennen und gleich wieder verschwunden. Das Geräusch verstummte. Indy hörte nur noch das Zirpen der Grillen, die die ganze Nacht über keine Ruhe gaben.

Wenn es nun ein Raubtier war, das zwischen den Zelten auf der Lauer lag? Wenn es sich ein anderes Zelt ausgesucht hatte? Sollte er nicht lieber seine Eltern warnen? Indy streifte die Decke von sich, schlug das Moskitonetz über seinem Bett beiseite und suchte nach einem Gegenstand, den er als Waffe benutzen konnte. Aber in diesem Moment wurde die Eingangsklappe seines Zeltes zur Seite geschoben.

Eine Stimme erklang: »In-diii!«

Indy strengte seine Augen an und versuchte, das Dunkel im Zeltinneren zu durchdringen.

»Meto?« Das war doch nicht möglich!

Der kleine Massai schien es eilig zu haben, denn er sagte auf Maa: »Komm schnell, Indiii. Wir suchen Oryx!«

Was stellte Meto sich nur vor? Nach diesem Ärger mit seinem Vater und Präsident Roosevelt konnte Indy unmöglich wieder aus dem Lager verschwinden. »Ich kann nicht...«, versuchte er seinem Freund zu erklären.

Aber Meto unterbrach ihn. »Ich habe Melonen. Antilope mit Fransenohren! Ich zeig sie dir!«

Indy schlüpfte aus seinem Bett und schlich zum Zelteingang. »Bist du ganz sicher?« fragte er.

Meto nickte entschieden und bedeutete Indy, wild mit den Händen gestikulierend, er solle sich beeilen. Jetzt überlegte Indy nicht mehr lange. Diese Gelegenheit durfte er sich nicht entgehen lassen. Wenn man ihn auch bei diesem Ausflug erwischte... Was sollte es? Schlimmer konnte es für ihn sowieso nicht mehr kommen.

Schnell rollte er eine Decke zusammen und arrangierte sie so auf seinem Bett, daß es aussah, als würde hier ein menschlicher Körper liegen. Dann schlüpfte er in seine Schuhe und folgte Meto nach draußen.

Das erste Licht des neuen Tages verlieh der Steppe einen gespenstischen grau-silbernen Schimmer. Es herrschte absolute Stille, die nur vom dumpfen Trappeln der Füße Indys und Metos unterbrochen wurde. Die beiden Jungen bewegten sich in östlicher Richtung vom Lager weg und gelangten nach einiger Zeit zu einem Gelände, das dichter mit Bäumen und Büschen bewachsen war. Indy fragte sich, ob die Jäger sich auch dort schon umgesehen und sich vielleicht sogar auf die Lauer gelegt hatten.

Gewiß, es war einfacher, sich in der Steppe unter günstigen Windbedingungen an ganze Tierherden heranzuschleichen und dann abzuschießen, was die Flinten nur so hergaben. Mittlerweile war Indy nämlich fest davon überzeugt, daß die Jagden in dieser Form abliefen. Wie anders ließ sich denn diese Masse an Tieren erklären, die bisher von den Safari-Teilnehmern geschossen worden waren? Offensichtlich war Theodore Roosevelt nicht der einzige, auf den die Bezeichnung »schießwütig« paßte.

Schreie und Rufe erwachender Tiere ließen Indy

seine Schritte verlangsamen. Offenbar fungierten er und Meto hier als wandelnde Wecker im afrikanischen Busch. Hoffentlich wurden nicht die falschen Tiere wach, zum Beispiel die, welche vorzugsweise Zehnjährige zum Frühstück verspeisten, gleich, ob mit schwarzer oder weißer Hautfarbe...

Indy spürte, wie Metos Hand sich auf seine Schulter legte. »Komm schon!« drängte der Junge im Maa-Dialekt.

Sie eilten weiter. Mit jedem Schritt entfernten sie sich weiter vom Lager, und Indy näherte sich immer mehr jener drakonischen Strafe, die seine Eltern ohne jeden Zweifel über ihn verhängen würden, wenn man ihn erneut außerhalb des Lagers erwischte...

Nun kletterten sie einen steilen Abhang hinauf. Hoffentlich warteten am Ende nicht wieder irgendwelche Felszeichnungen von den Antilopen, die Indy suchte.

Auch diesmal gelangten sie auf eine große Lichtung. Doch hier gab es keine Felswand, die eine Barriere bildete. Statt dessen stieg das Gelände an einer Seite der Lichtung sanft an. In der Ferne, jenseits des Scheitelpunkts der Anhöhe, konnte man die Gipfel des ostafrikanischen Hochlandes erkennen. Aber zwischen diesem Scheitelpunkt und dem Hochland mußte sich eine Senke befinden, denn von dem Gelände dazwischen war von ihrem Standort aus nichts zu erkennen.

Meto und Indy kletterten bis zu der Kante und betrachteten das dahinter liegende Land. Der Anblick, der sich ihnen jetzt bot, war atemberaubend. In dem silbernen Licht, das die Senke übergoß, erschien die Gegend wie ein Märchenland. Der Talgrund war mit saftigem grünen Gras bedeckt. Kräftige, üppig belaubte Bäume breiteten die Äste weit aus und spendeten vereinzelten Wasserlöchern einladenden Schatten.

Zwischen den Büschen bewegten sich Antilopen und ästen friedlich.

Die Jungen schoben sich behutsam über die Kante und kletterten auf der anderen Seite den Abhang hinab. Auf dem Talgrund führte Meto Indy zu einer Stelle, wo lange kräftige Pflanzentriebe aus dem Erdreich ragten. Sofort bückte Meto sich und begann voller Eifer zu graben. Indy ging in die Knie, um ihm zu helfen. Nicht lange, und sie fanden, wonach Meto gesucht hatte: Es war ein harter, runder Gegenstand. Mit vereinten Kräften packten sie den Stengel und zogen das Ungetüm aus der Erde.

So groß werden die Melonen also, dachte Indy. Dieses Ding sah eher schon wie ein Kürbis aus – hart, eher erdfarben und rundum fest, fast wie eine Wurzel. Zumindest stimmte in einem Teil die Beschreibung mit der Wirklichkeit überein.

Nun, was es auch war, die Jungen hatten es gefunden. Sie sahen sich an und grinsten.

»Jetzt brauchen wir nur noch zu warten«, sagte Indy und verfolgte mit einem gewissen Unbehagen, wie der Himmel sich im Osten von der aufsteigenden Sonne gelblich verfärbte.

Lange mußten sie allerdings nicht ausharren. Als der Rand der Sonne sich langsam über den Horizont schob und die Senke mit dem goldenen Glanz ihrer Strahlen füllte, entstand in den Büschen Bewegung, die von einem leisen Rascheln begleitet wurde.

Die langen, schlanken Hörner kannte Indy bereits von der Abbildung aus dem Buch über die »Säugetiere Afrikas«. Außerdem hatte er sie selbst mit dem Zeichenstift in seinem Notizbuch verewigt. Auch den schlanken Kopf mit der dunklen Fellzeichnung erkannte er wieder.

Und dann trat die erste Antilope in ihrer ganzen Schönheit ins Freie. Sie hatte den Kopf gesenkt, so daß das hohe Gras ihre Ohren verdeckte. Indy konnte nicht erkennen, um welche Antilopenart es sich handelte, aber eine dunkle Ahnung sagte ihm, daß er am Ende seiner Suche angelangt war. Denn alle anderen Merkmale stimmten mit der Zeichnung überein: die kräftige Brustpartie und das pferdeähnliche Hinterteil.

Zwei weitere Tiere folgten. Sie hatten die Köpfe erhoben und sogen witternd die Luft ein. Die dunklen Haarbüschel an ihren Ohren waren unverkennbar. Dieses Merkmal war so typisch, daß ein Irrtum ausgeschlossen war. Indy und Meto hatten Büschelohrantilopen vor sich, eine Oryxart, die zumindest in dieser Gegend bislang als ausgestorben galt.

Die Tiere wanderten über die Lichtung und begannen, mit ihren Vorderhufen die Wurzelmelonen auszugraben. Die Früchte schienen eine Delikatesse für sie zu sein, denn sie würdigten das üppige Gras rundherum keines Blickes.

Indy, der glücklicherweise daran gedacht hatte, sein Fernglas mitzunehmen, reichte es Meto, der hindurchschaute und versonnen lächelte.

Indy hätte am liebsten vor Freude laut aufgeschrien, aber er wollte die Tiere nicht verscheuchen. Im Gegenteil, sie sollten so lange wie möglich auf der Lichtung bleiben, damit er seinen Plan in die Tat umsetzen konnte...

12
Ein Präsident lernt dazu

In der Kantine des Safaricamps herrschte bereits Betrieb. Das Klappern von Tassen und Töpfen hallte durch die morgendliche Luft, als Anna Jones, in einen leichten Morgenmantel gehüllt, aus dem Zelt trat.

Die Aufregungen der Nacht waren nur noch ein böser Traum, und auch wenn sie keinen Zweifel daran gelassen hatte, wie sehr sie sich über ihren Sohn geärgert hatte, dachte sie doch voller Zärtlichkeit an den Jungen. Soweit sie es beurteilen konnte, war der Zorn ihres Mannes auch schon weitgehend verraucht.

Anna huschte zu Indys Zelt hinüber und öffnete vorsichtig den Eingang. Der Kleine schlief tief und fest. Sie sah, daß er sich die Decke über den Kopf gezogen hatte und sich überhaupt nicht rührte. Er muß nach den Strapazen völlig erschöpft sein, dachte Anna Jones. Sie lächelte und ließ die Eingangsplane wieder herunterfallen. Dann kehrte sie zu ihrem Zelt zurück. Sollte ihr Liebling ruhig so lange schlafen, wie er wollte. Sie würde ihn jedenfalls nicht wekken...

Etwa eine Stunde später herrschte im Lager das für diese Uhrzeit typische hektische Treiben. Die meisten der einheimischen Helfer hatten ihr Frühstück bereits eingenommen und waren nun mit den Vorbereitungen für den Tag beschäftigt. Sicherlich würde es wieder eine Jagdpartie geben, und sie suchten Gewehre und Munition zusammen.

Professor Jones, Helen Seymour, Richard Medlicot, Anna Jones, Theodore Roosevelt, Frederick Selous und Roosevelts Sohn Kermit saßen an der langen

Tafel in der Kantinenhütte und tranken Kaffee. Sie waren in ein angeregtes Gespräch vertieft, als Indy erschien. Er hatte sich am Campeingang von Meto getrennt, nachdem er alle weiteren Schritte mit ihm verabredet hatte. Während Indy sich zur Kantine begab, verschwand Meto mit einer Melone unter dem Arm zwischen den Zelten und hielt sich für seinen großen Auftritt bereit.

Ein Stück von der Kantine entfernt hielt Indy inne, überprüfte seine Kleidung und strich sich noch einmal über die Haare. Er mußte aussehen, als hätte er eine ungestörte Nacht hinter sich und wäre nun völlig ausgeruht.

Indem er ein Gähnen unterdrückte, betrat er die Kantine, schlenderte zu dem Platz neben seiner Mutter und setzte sich. Anna Jones begrüßte ihn mit einem »Guten Morgen, mein Sohn« und einem Kuß auf die Wange.

Indy ließ seine Blicke durch die Runde schweifen und konnte sich im letzten Moment ein wissendes Grinsen verkneifen. Ihm gegenüber saß Miss Seymour direkt neben dem Präsidenten. Sie sah sehr fröhlich und zufrieden aus, als sie Indy mit einem freundlichen »Guten Morgen« begrüßte.

Indy winkte ihr lässig zu. »Morgen. Darf ich mal bitte das Fleisch haben?«

Frederick Selous, der der Platte am nächsten saß, reichte die Steaks mit den Spiegeleiern über den Tisch zu Professor Jones, der den Teller mit frostigem Schweigen vor Indy abstellte.

Am Kopfende des Tisches schluckte Theodore Roosevelt den letzten Happen seines Frühstücks herunter. Dann sagte er: »Heute gehen wir auf Litschis. Die Gnus haben erst einmal Schonfrist.«

»Litschis?« fragte Indy mit einem breiten Grinsen. »Habe ich recht gehört, Mr. Präsident, Sir?«

Roosevelt musterte ihn verwirrt. »Ja, das ist eine Antilopenart. Man kann auch Wasserbock sagen. Warum fragst du?«

Indy wollte dem Präsidenten erklären, wie ratlos er und sein Vater reagiert hatten, als sie die Bezeichnung dieser Tierart auf dem Dampfer während der Fahrt nach Mombasa in der Zeitung gelesen hatten. Aber er verzichtete darauf, andere Dinge waren ihm jetzt viel wichtiger. »Ich war nur neugierig«, antwortete er ausweichend.

Stirnrunzelnd sagte Roosevelt: »Nun, mein Sohn, ich hoffe, das Abenteuer von heute nacht war für dich eine gute Lektion, oder, Henry?«

»Jawohl, Sir.« Indy nickte ernsthaft. »So etwas wird nie mehr vorkommen.«

»Na, dann hat dieser Wirbel ja wenigstens auch etwas Gutes gehabt«, bemerkte der Ex-Präsident abschließend und wischte sich das Kinn ab. »Und jetzt hoffe ich, daß niemand etwas dagegen hat, wenn ich mich entschuldige . . .«

Er erhob sich und machte Anstalten, die Tafel zu verlassen. Eine Bewegung am Eingang der Kantinenhütte ließ ihn jedoch innehalten. Ein kleiner schwarzer Junge kam herein und ging zielstrebig auf Indy zu. Roosevelt trat zurück, um ihm Platz zu machen. Meto drängte sich bis zu Indy durch und reichte ihm etwas Schweres, Rundes.

»Da ist die Melone«, sagte er auf Maa zu Indy. »Zeig sie ihm und erzähl' ihm alles.«

Indy nickte. »Ja«, antwortete er ebenfalls im Maa-Dialekt. »Das tue ich schon. Hab etwas Geduld.«

Anna Jones, die von dem kurzen Wortwechsel überhaupt nichts verstanden hatte, betrachtete ihren Sohn verwundert.

»Was hat er gesagt?« erkundigte sie sich und deutete mit einem Kopfnicken auf Meto.

Indy stellte den Besucher vor. »Das ist Meto, ein Junge aus dem Massaikral und mein Freund. Er hat mir geholfen. Ich habe heute nacht versucht, es zu erklären, aber mir wollte ja niemand zuhören.« Er schaute vorwurfsvoll die am Tisch Sitzenden an. »Wir haben nämlich die Büschelohrantilope aufgestöbert...«

Präsident Roosevelt blieb am Kantineneingang stehen, als er hörte, wie Indy den Namen der Tierart nannte, die er so verzweifelt suchte. Indy legte das große runde Etwas vor seinem Vater auf den Tisch.

»Es gibt diese Tiere in einem Tal östlich von hier, am Rand der Steppe. Dort findet man auch diese Melonenart – ich nenne sie Wurzel- oder Erdmelone...«

Professor Jones betrachtete das seltsame Gebilde kopfschüttelnd. »Ich glaube, ich verstehe nicht ganz, was du meinst, Junge.«

Roosevelt kam langsam zurück, um zuzuhören.

»Was hast du gefunden?« wollte Anna Jones wissen.

»Die Tiere sind gar nicht ausgestorben«, sprudelte Indy hervor. »Es gibt sie hier nicht mehr, weil sie in dieser Gegend diese Melonen kaum noch finden, die sie am liebsten fressen...« Dann nannte er noch einmal auf Maa den Namen der Melone.

Roosevelts Interesse erwachte. Diese Geschichte hörte sich ziemlich überzeugend an, auf keinen Fall wie die Phantasterei eines Kindes.

Selous beugte sich vor, um die Frucht in Augenschein zu nehmen. »Stimmt, ich kenne diese Pflanze. Wir nennen sie auch Elefantenfußbälle.«

Indy ließ sich nicht beirren. »Meto hat mir geholfen herauszubekommen, was damals wirklich passiert ist... Ich habe Ihnen ja versprochen, ich würde sie suchen und finden, Sir, und ich hab sie gefunden. Außerdem habe ich hier aufgeschrieben, was mit der Art passiert ist...«

Nachdem er die entsprechende Seite aufgeschlagen hatte, reichte er Teddy Roosevelt das Notizbuch. Der Präsident las laut vor:

»›Im Busch brach eines Tages ein großes Feuer aus, in dem alle Schlangen umkamen, die in dieser Region lebten. Diese Schlangen ernährten sich vorwiegend von Wühlmäusen und Ratten.‹«

Indy konnte es kaum erwarten und setzte den Bericht mündlich fort.

»›Aber die Wühlmäuse und Ratten schafften es, sich rechtzeitig in der Erde einzugraben, wodurch viele von ihnen das Feuer überlebten...‹«, las Roosevelt weiter.

»Stimmt!« sagte Indy triumphierend. »Da nun keine Schlangen mehr existierten, die den Mäusen und Ratten gefährlich werden konnten, vermehrten sie sich sehr stark, und am Ende gab es so viele von ihnen, daß sie alle Melonen auffraßen. Die Büschelohrantilopen fanden also ihre Lieblingsnahrung nicht mehr oder zu wenig, so daß sie dieses Gebiet verließen und weiterzogen. Keine Erdmelonen, also auch keine Oryxe mehr.«

Staunend hob Präsident Roosevelt die Melone vom Tisch hoch und untersuchte sie.

»Sehen Sie«, fuhr Indy fort, »alle Pflanzen und Tiere stehen in einem sehr engen Verhältnis zueinander. Das eine kann ohne das andere nicht existieren. Wenn eine Art bedroht ist, dann muß auch eine andere Art leiden...«

Anna Jones betrachtete die riesige Frucht, die der Präsident wieder auf den Tisch gelegt hatte. »Das ist also diese geheimnisvolle Pflanze, von der alles abhängt...«

»Ja, Mom«, erklärte Indy. »Die Antilopen graben sie mit den Hufen aus. Wir haben es gesehen, Meto und ich...«

»Wie bitte?« fragte Professor Jones. »Ihr habt was gesehen?«

»Die Büschelohrantilopen, Dad«, antwortete Indy. »Es gibt sie noch in dieser Gegend. Es sind wunderschöne Tiere...« Und zu Präsident Roosevelt gewandt sagte er: »Deshalb bin ich doch heute nacht erst so spät wieder zurückgekommen. Ich habe versucht, es Ihnen zu erklären, aber Sie haben mich ja nicht zu Wort kommen lassen...«

Roosevelt machte eine wegwerfende Handbewegung. »Das ist jetzt nicht so wichtig. Wo, hast du gesagt, halten sie sich auf?«

Indy deutete nach Osten. »Wenn man in dieser Richtung geht, etwa eine halbe Stunde weit, kommt man zu einem steilen Berghang. Den muß man hinaufsteigen bis zum höchsten Punkt. Dahinter fällt das Gelände wieder ab und bildet eine kleine Senke. Und in dieser Senke haben wir mindestens drei dieser Tiere gesehen.«

Indy spürte fast körperlich, wie sein Vater ihn fixierte, als wollte er sagen: Du kannst von Glück reden, daß der Präsident einen Narren an dir gefressen hat, sonst wäre die Affäre für dich nicht so glimpflich verlaufen.

Roosevelt legte Indy eine Hand auf die Schulter. »Wissen Sie, Professor Jones, ich muß schon sagen, Sie haben einen ganz schön intelligenten Sohn. Dazu kann man Sie nur beglückwünschen...« Dann verließ er die Kantine.

Die Zurückgebliebenen konnten hören, wie er seine Helfer zusammentrommelte. »Sattelt die Pferde, auch für unsere Freunde. Und beeilt euch – wir reiten in einer Viertelstunde los!«

Meto und Indy sahen sich grinsend an. Sie fühlten sich wie die Helden des Tages, und dazu hatten sie auch allen Grund.

13
Schüsse im Garten Eden

Die Jagdgesellschaft sammelte sich. Mit einiger Mühe hatten die Reiter den Steilhang überwunden und den Grat erreicht, jenseits dessen das Gelände sanft abfiel und in ein geradezu paradiesisches Tal überging.

Indy und Meto kannten diesen Anblick bereits, waren aber auch diesmal wieder wie verzaubert. Die anderen – Präsident Roosevelt, Professor Jones und seine Frau, Kermit Roosevelt und Frederick Selous – benötigten einige Zeit, ehe sie Worte fanden, sich zu dem zu äußern, was sie vor sich sahen.

»Grandios«, murmelte der Präsident. »Wenn ich es nicht mit eigenen Augen sähe, würde ich niemals glauben, daß es so etwas gibt.«

Das Sonnenlicht ließ das sattgrüne Laub der Bäume golden funkeln. Ein leichter Wind kämmte das saftige Gras, das von immer neuen Wellen durchlaufen wurde. Zwischen den Büschen glitzerten vereinzelt kleine Bäche, die sich zu Tümpeln weiteten, in denen sich der blaue Himmel widerspiegelte.

Meto, der sich im Sattel seines Pferdes erstaunlich geschickt anstellte, lenkte sein Reittier zu einer etwas abseits liegenden Stelle unweit des Melonenfeldes. Dort saßen die Reiter ab und banden ihre Pferde an einen Baum.

Diesmal hatte man darauf verzichtet, einheimische Helfer mitzunehmen, um die möglicherweise sehr scheuen Tiere nicht durch zu viele Menschen abzuschrecken.

Frederick Selous begann die Gewehre aus ihren Futteralen auszupacken. Er lud sie nacheinander und stellte sie zu einer Pyramide zusammen.

»Bist du sicher, daß dies hier der richtige Ort ist?« fragte Roosevelt Indiana Jones flüsternd.

Indy nickte und war sich seiner Wichtigkeit durchaus bewußt.

»Jawohl, Sir«, antwortete er, wobei seine Stimme unnatürlich laut klang. Er sah zu Meto hinüber, dessen Augen ebenfalls vor Stolz glänzten. Die beiden Kinder hatten etwas geschafft, was die Erwachsenen schon lange vergeblich versucht hatten.

»Na dann los, gehen wir«, entschied Theodore Roosevelt.

Mr. Selous drückte Indys Vater drei Gewehre in die Hand. »Hiermit erkläre ich Sie zum Waffenträger, Professor«, sagte er scherzhaft.

Professor Jones lächelte verkniffen, und Indy erkannte deutlich, daß seinem Vater diese neue Rolle überhaupt nicht behagte.

Gemeinsam führten Meto und Indy die Jagdgesellschaft zu Fuß hinunter ins Tal. Nach einigem Suchen fanden sie sogar das Versteck, das die beiden Jungen wenige Stunden zuvor benutzt hatten. Das Feld mit den Melonenstengeln war von dieser Stelle aus sehr gut zu überblicken.

Theodore Roosevelt, sein Sohn Kermit und Frederick Selous befreiten Professor Jones von seiner ungeliebten Last und machten ihre Gewehre schußbereit. Sie kauerten sich in die Büsche, visierten probeweise das Melonenfeld an und richteten sich auf eine längere Wartezeit ein.

Indy suchte das Gelände nach irgendwelchen Hinweisen auf die Anwesenheit der Antilopen ab, doch er konnte nichts feststellen. Er hoffte inständig, daß die Tiere durch das Erscheinen der Reiter nicht verscheucht worden waren und tatsächlich wieder auftauchen würden. Er stellte sich vor, wie sie aus dem Dikkicht hervortraten, und sah vor seinem geistigen Auge ihre wunderbar geformten Köpfe, die eleganten schlanken Hörner und die mit schwarzen Haarbüscheln versehenen Ohren, die ihnen ihren Namen gaben.

Dann drehte Indy sich zu den drei Jägern um und sah ihre erwartungsvoll glänzenden Augen. »Werden Sie alle erschießen?« fragte er.

Roosevelt legte einen Finger auf die Lippen. »Psst!« machte er mit beschwörendem Blick.

Indy verstummte. Er hatte sich bei der Suche nach den Oryxen in Lebensgefahr begeben, wenn man es genau betrachtete, und war stolz auf seine Heldentat. Den ehemaligen Präsidenten der Vereinigten Staaten an diese Stelle geführt zu haben, war für ihn ein großer Triumph. Aber er hatte sich nicht überlegt, was geschehen würde, wenn Roosevelt dieses Tal fand.

Die Zeit verstrich, vermutlich nur wenige Minuten kamen ihm wie Stunden vor. Dann ertönte jenseits des Melonenfeldes ein Scharren und Rascheln. Die Jäger merkten auf, hoben die Köpfe und lauschten angestrengt.

Indy spürte, wie sein Magen sich plötzlich verkrampfte. Er hatte sich sehnlichst gewünscht, den Männern zu beweisen, daß er mit seinem Bericht über die Antilopen nicht gelogen, daß er sie tatsächlich gefunden und gesehen hatte; doch irgend etwas in ihm wehrte sich plötzlich gegen den Gedanken, daß sein Triumph unmittelbar bevorstand. Wenn er sich selbst gegenüber ganz ehrlich war, dann mußte er zugeben, daß er sich insgeheim wünschte, ein Zebra oder ein Gnu oder irgendein anderes Tier möge auftauchen, nur nicht ein Exemplar der Büschelohrantilope.

Aber was jetzt auf die Lichtung trat, vereitelte seine

verzweifelten Hoffnungen. Die Hörner waren unverkennbar, desgleichen die Ohrbüschel, die nur allzu deutlich im hellen Sonnenschein zu erkennen waren. Nacheinander betraten die Tiere die Lichtung, schnupperten an den Melonenstengeln und begannen mit den Hufen im Erdreich zu scharren.

Am Ende hatten sich insgesamt sechs Antilopen auf dem Melonenfeld eingefunden, um ihren Hunger zu stillen.

»Dann mal los...«, flüsterte Kermit. Er stemmte den Kolben seines Gewehrs gegen die Schulter, legte die Wange auf den Kolben und zielte. Der Präsident und Frederick Selous folgten seinem Beispiel.

Meto steckte sich instinktiv die Finger in die Ohren. Indy verfolgte das Geschehen mit schierem Entsetzen und war plötzlich unfähig, einen Muskel zu bewegen. Er wollte schreien, wollte die Tiere erschrecken, sie zur Flucht bewegen, aber seine Stimme versagte ihm. Eisige Kälte hatte seinen Körper ergriffen.

Roosevelt feuerte den ersten Schuß ab. Das Tier, auf das er gezielt hatte, wußte gar nicht, welches Schicksal ihm blühte. Es zuckte zusammen, seine Vorderbeine knickten ein, und es kippte seitlich um.

Zwei Antilopen blieben einfach stocksteif stehen. Der Schock hatte sie anscheinend gelähmt. Zwei andere Oryxe, die noch auf den Beinen waren, begannen zu tänzeln und sich aufzubäumen. Nur eine einzige Antilope suchte ihr Heil in der Flucht und rannte auf die Büsche zu, die ihr wenigstens eine Spur von Schutz versprachen.

Zwei weitere Schüsse folgten kurz hintereinander. Kermit und Frederick Selous hatten ebenfalls gefeuert. Eine der stocksteif dastehenden Oryxe brach zusammen, das hellbraune Fell mit dem schwarzen Seitenstreifen färbte sich rot. Die fliehende Antilope brach am Rand der Lichtung, wenige Meter von dem schützenden Gebüsch entfernt, in die Knie, kippte vornüber, und ihre Hörner pflügten den lockeren Boden auf.

Drei Tiere waren erlegt. Indy riß den Mund vor Entsetzen weit auf. Das hatte er nicht gewollt! Das hatte nicht geschehen sollen!

Roosevelt lud durch, riß das Gewehr erneut an die Wange und zielte. Er konzentrierte sich auf eine der sich aufbäumenden Antilopen...

Solche Tiere gehören in ein Museum, damit jeder sie bewundern kann... Es gibt auf der ganzen Welt Hunderte von Museen... Das war es doch, was Theodore Roosevelt ihm erklärt hatte. Dachte er etwa daran, jedem dieser Museen eine solche Antilope zu schicken? Gab es überhaupt noch so viele Exemplare dieser Art? Würde er jetzt weiterschießen, bis er genügend Tiere zusammen hatte?

Aber der Präsident hatte auch noch etwas anderes gesagt: *Denke stets daran, daß ein Gewehr nur eingesetzt werden soll, um das Überleben zu sichern.*

Roosevelts Argumente hatten Indy damals erheblich verwirrt. Aber jetzt erkannte er ganz deutlich, was daran im Augenblick nicht stimmte: Er mußte nur in die leuchtenden Augen der Männer und auf ihre zu einem triumphierenden Lachen verzogenen Münder blicken, um ganz klar zu erkennen, daß in diesem Augenblick niemand sein Gewehr benutzte, um sich zu verteidigen.

Und Indy erkannte noch etwas anderes: Diese wunderschönen Tiere verdienten es niemals, tot und ausgestopft in irgendwelchen düsteren Museen herumzustehen.

Endlich schüttelte Indy sein Entsetzen ab und sprang unvermittelt auf. Er erreichte Roosevelt mit einem wilden Satz und stieß dessen Gewehrlauf beiseite. »Jetzt ist Schluß!« schrie er, so laut, daß er das Gefühl hatte, seine Lungen würden jeden Moment platzen.

Der Präsident wirbelte herum, sein Gesicht war zornrot. Er hatte die Zähne entblößt und fletschte sie wie ein wütendes Raubtier. Ein paar Minuten zuvor hätte dieser Gesichtsausdruck Indy noch Angst eingejagt, aber jetzt gab es für ihn kein Zurück mehr. »Ich habe gesagt, Schluß mit dem Töten!« rief er.

Kermit Roosevelt und Frederick Selous senkten ihre Gewehre und starrten Indy entgeistert an.

»Sie haben genug gemordet!« schrie Indy mit schriller Stimme. »Damit ist jetzt Schluß!«

Seine Worte hallten durch das Tal. Und während das Echo erstarb, war das wilde Hufgetrappel der überlebenden Antilopen zu hören, die durch die Büsche davonrannten.

Nach wenigen Sekunden erstarb auch dieses Geräusch. Schließlich war die Lichtung leer und verlassen bis auf die drei Tierkadaver.

Indy sah in diesem Moment nichts anderes als die Augen eines der größten amerikanischen Präsidenten. Sie fixierten ihn mit einem Ausdruck unbändiger Wut und wirkten durch die Brillengläser übergroß und verzerrt wie die Augen eines Monsters.

Für einen kurzen Moment glaubte Indy fühlen zu können, was die Antilopen empfunden haben mußten, als die Schüsse fielen. Er wich zurück und rechnete jeden Augenblick damit, daß Theodore Roosevelt vor Wut explodierte.

Ein Schweißtropfen glitzerte auf der Stirn des Präsidenten und sickerte an seinem linken Auge vorbei die Wange hinab. Die Augen des Mannes wurden kleiner, in den Winkeln bildeten sich Falten. Nach einigen Sekunden erkannte Indy, daß der Präsident lächelte.

»Ganz recht, mein Sohn«, erklang nun Roosevelts Stimme. »Du hast völlig recht, Henry. Ich denke, das ist eine sehr seltene Rasse. Wer weiß schon, wie viele von diesen Tieren es noch gibt?«

Indy hörte die Worte und wußte, daß sie aus Roosevelts Mund kamen. Doch das war jetzt nicht so wichtig, der bewunderte Mann hatte im Augenblick keinerlei Bedeutung mehr für ihn.

Sein Blick wanderte weiter zur Lichtung. Meto war dorthin gelaufen und kniete neben einer der blutenden Antilopen. Trauer und Verzweiflung standen in den Augen des Massaijungen. Er versuchte den Kopf des toten Tieres hochzuheben und in seinen Schoß zu legen.

Indy wandte den Blick ab und bemerkte bei dieser Gelegenheit in der Ferne eine Bewegung. Eine ganze Antilopenherde strebte dem oberen Ende des Berghangs entgegen, den die Jagdgesellschaft kurz vorher heruntergekommen war. Als die Tiere den höchsten Punkt des Hangs erreicht hatten und auf der anderen Seite verschwanden, waren das letzte, was Indy von ihnen sah, ihre langen spitzen Hörner. Unendliche Erleichterung ließ ihn aufseufzen.

Schließlich kehrte er in die Wirklichkeit zurück. Eine schwere Hand legte sich auf seine Schulter, und Indy blickte auf in Präsident Roosevelts Gesicht. »Danke, Henry«, sagte der Mann leise.

Indy wich vor ihm zurück. »Ja, Sir.«

Er war sich nicht ganz sicher, als er zu seinem Pferd zurückkehrte, aber er glaubte hören zu können, wie der Präsident noch etwas hinzufügte. Es hörte sich an wie »Eins zu null für dich!«

14
Abschied

Am nächsten Tag suchte Indy seinen alten Aussichtspunkt auf dem Felsgrat am Rand des Lagers auf. Er kletterte hinüber und stieg auf der anderen Seite so weit nach unten, bis er einen ungehinderten Blick auf das Grasland unterhalb des Lagers hatte.

Wie er gehofft hatte, saß Meto auf seinem alten Platz, wo er wie gewohnt die Ziegen des Massaidorfs hütete. Auf seinen langen Stock gestützt blickte er nachdenklich auf die Steppe hinaus.

Indy konnte sich noch genau daran erinnern, wie er ihn zum erstenmal gesehen hatte. Es kam ihm vor wie eine Ewigkeit und lag doch erst wenige Tage zurück. Aber in der Zwischenzeit war so unendlich viel geschehen!

Am wichtigsten war jedoch, daß er einen neuen Freund gefunden hatte. »Meto!« rief er.

Der dunkelhäutige Junge blickte auf, während Indy zu ihm hinunterrannte. Meto strahlte über das ganze Gesicht, er hatte offenbar auf seinen weißen Freund gewartet; denn jetzt reichte er ihm einen langen Stock, ähnlich dem, auf den er sich stützte, und zeigte Indy, wie er sich auf die Fersen hocken mußte.

Zunächst fand Indy diese Haltung ziemlich unbequem, doch als er sich nach einigen Minuten ein wenig daran gewöhnt hatte, mußte er zugeben, daß er sich völlig entspannt fühlte. Nun konnte er auch verstehen, wie Meto in dieser Haltung stundenlang ausharren konnte.

Nachdem die beiden Jungen einige Zeit stumm nebeneinander gesessen hatten, räusperte sich Indy, holte tief Luft und sagte: »Wir reisen bald ab.« Dabei machte er mit zwei Fingern auf der Erde die Bewegung des Laufens. »Wir gehen. Es ist alles erledigt.«

Metos Gesicht wurde ernst. Er nickte. Dann hielt er eine Hand hoch und sagte etwas in seiner Sprache. Indy verstand ihn nicht und sah ihn fragend an, aber Meto schwieg und griff statt dessen in einen Lederbeutel, den er bei sich hatte. Daraus holte er eine Flöte hervor, die genauso aussah wie diejenige, auf der der Laibon gespielt hatte, ehe Indy ihn nach den Büschelohrantilopen fragen konnte.

Indy setzte das Instrument an die Lippen und versuchte, ihm einen Ton zu entlocken. Es klang furchtbar. Die beiden Jungen brachen in schallendes Gelächter aus. Indy schämte sich ein wenig, weil er kein Geschenk für seinen neuen Freund mitgebracht hatte. Aber noch war es ja nicht soweit, daß die Jagdgesellschaft ihre Zelte abbrach. Sicherlich würde ihm bis dahin noch etwas Passendes einfallen, und er hatte auch schon eine Idee.

In diesem Moment mußte Indy wieder an den Laibon denken. Ihm wurde bewußt, daß er ihm gar nicht erklärt hatte, weshalb er nach den Büschelohroryxen suchte. Damals war er so begierig gewesen, mehr über sie zu erfahren und sie zu finden, daß ihm eine Begründung dafür völlig unwichtig erschienen war.

Wenn er dem alten Mann alles erklärt hätte, hätte der ihn vielleicht gewarnt oder Indy einfach angelogen, um ihn von dem verschwiegenen Tal fernzuhalten. Dann wäre auch keine der Antilopen getötet worden.

Indy sah die weisen, freundlichen Augen des Laibon wieder vor sich. Viel wahrscheinlicher war aber, daß der Laibon sehr wohl begriffen hatte, was Indy beabsichtigte. Vermutlich hatte er Indy zu dieser traurigen Erfahrung verhelfen wollen, damit er von selbst begreifen würde, wie gefährlich der Mensch der Natur werden kann.

Indy bedankte sich bei Meto und verabschiedete sich. Er sagte ihm in seiner Sprache, er hoffe, ihn wiederzusehen, und wünsche sich, daß beim nächsten Mal die Steppe mit Herden von Büschelohrantilopen bevölkert sei. Dann würden Meto und er auf einen hohen Berg steigen und den Tieren zusehen, wie sie am Horizont entlang zögen.

Meto schien jedes Wort verstanden zu haben, denn er nickte lachend und umarmte Indy. Dann reichte er ihm die Hand und sah ihn ernst an.

Und so trennten sich die Vertreter zweier Welten, die trotz unterschiedlicher Sprache und Herkunft in Freundschaft zueinander gefunden hatten ...

Als Indy den Abhang hinaufstieg, hatte er Mühe, die Tränen zurückzudrängen, die ihm plötzlich in die Augen stiegen.

Als Indy ins Camp zurückkam, holte ihn schnell sein Alltag wieder ein. Er dachte an den Vortrag, den Miss Seymour ihm am Morgen gleich nach dem Frühstück gehalten hatte. Sie sei entschlossen, hatte sie gesagt, den Unterricht, den Indy durch sein Abenteuer versäumt habe, schnellstens und in vollem Umfang nachzuholen. Die letzten Tage im afrikanischen Busch sollten nicht so untätig und nutzlos verstreichen wie die Zeit bisher.

Wie sollte Indy seiner strengen Lehrerin klarmachen, daß er das Gefühl hatte, durch dieses »Abenteuer«, wie Miss Seymour es nannte, mehr für sein Leben gelernt zu haben als durch ihren Unterricht? Wahrscheinlich hätte sie nur beleidigt reagiert und ihm irgendeine Strafe aufgebrummt. Jedenfalls hatte sie abschließend für diesen Vormittag zwei Lateinstunden angesetzt und ihn nachdrücklich ermahnt, sich pünktlich in seinem Zelt einzufinden. Was er auch tat ...

Er rannte durch das Lager zu seinem Zelt, dessen Eingang verschlossen war, wie er ihn zurückgelassen hatte. War der Drachen vielleicht schon in seiner Höhle?

»Miss Seymour?« rief er laut, erhielt aber keine Antwort. Als er die Klappe vor dem Eingang zurückschlug, sah er, daß sein Zelt leer war. Das Lateinbuch, das er auf seinem Tisch bereitgelegt hatte, war unberührt, und auch Miss Seymours Bücher waren nirgendwo zu sehen.

Hatte sie etwa verschlafen? Das konnte Indy sich nicht vorstellen. Sollte er sie suchen? Oder sollte er sich einfach dumm stellen und die freie Zeit zu anderen Unternehmungen nutzen?

Zum Beispiel könnte er nachsehen, ob Präsident Roosevelt Zeit hatte, ihm weiteren Schießunterricht zu geben. Das wäre doch eine Idee! Sofort machte Indy kehrt und rannte durch die Zeltstraße. Vor dem Zelt des Präsidenten blieb er stehen.

»Mr. Präsident? Sir!« rief er, doch nichts rührte sich.

Kermit Roosevelt und Frederick Selous waren bereits damit beschäftigt, die Kisten zu packen, die die Träger zur Plantage Richard Medlicots zurücktragen sollten. Die Männer sollten sich noch an diesem Tag auf den Weg machen, da die Jagdgesellschaft sie mit ihren Pferden schnell einholen würde. Man wollte zusammen mit dem Gepäck auf der Farm eintreffen.

Keiner der beiden Männer konnte ihm sagen, wo der Präsident sich aufhielt. Indy versuchte sein Glück beim Zelt des Tierpräparators und seines Kollegen Loring, dem Zoologen, der seine Vogelkäfige nach draußen getragen hatte und sie nacheinander öffnete, um den Vögeln die Freiheit wiederzugeben. Er hatte sie, soweit es möglich war, fotografiert und gezeichnet, womit seine Aufgabe erledigt war.

Heller jonglierte mit den Gläsern herum, in denen sich die Präparate der Tiere befanden, die im Laufe der Safari geschossen worden waren. Die beiden Nashornschädel waren bereits mit Stroh umwickelt und in große Kisten gelegt worden.

Es gab Indy einen Stich, als er die beiden Schädel betrachtete und sich vorstellte, daß diese Tiere einmal die absoluten Herrscher in ihrem Steppenrevier gewesen waren. *Gewehre sind dazu da, das Überleben zu sichern!* Von wegen... Wessen Überleben, fragte Indy sich.

Als er sich bei Heller erkundigen wollte, ob er wisse, wo man den Präsidenten finden könne, hörte er plötzlich Stimmen und ein Lachen hinter sich. Eine dieser Stimmen erkannte er sofort... sie dröhnte und übertönte die andere um ein mehrfaches und gehörte Teddy Roosevelt. Die andere kam ihm ebenfalls bekannt vor, nur das Lachen klang fremd.

Indy wandte sich um – und klappte den Mund weit auf. Er erblickte Miss Seymour, die in Begleitung des Präsidenten zum gegenüberliegenden Lagerrand spazierte. In der linken Hand trug sie ein Gewehr...

Theodore Roosevelt schritt neben ihr her und hielt ihr offensichtlich einen Vortrag. Das eine oder andere Wort konnte Indy sogar auf diese Entfernung verstehen, zumal er diesen Vortrag selbst schon gehört hatte...

»... die Fox Nummer 12 Schrotflinte... eine bessere Waffe hat es nie gegeben...!«

Indy stieß einen gedämpften Freudenschrei aus. Ade Lateinstunde! Solange Teddy Roosevelt in der Nähe war, schien es sogar für die gestrenge Miss Seymour wichtigere Dinge zu geben als die Erfüllung ihrer täglichen Pflichten...

Epilog

1992, Feinschmecker-Restaurant Tavern on the Green, New York

Der alte Indiana Jones hatte seine Brille abgenommen und wischte sich über das unversehrte Auge.

»Es war ein trauriger Abschied«, fuhr er mit seinem Bericht fort. »Als wir schließlich abzogen, hätte ich mich am liebsten in irgendeinen Winkel verkrochen und wäre dageblieben. Die Massai, die im Lager gearbeitet hatten, waren mit ihren Familien erschienen und winkten uns zu.

Auch Meto war gekommen. So hatte ich wenigstens die Gelegenheit, mich bei ihm für die Flöte zu revanchieren, die er mir geschenkt hatte. Ich ging zu ihm und hängte ihm einfach das Fernglas um den Hals, das Präsident Roosevelt mir geschenkt hatte. Sie hätten mal sehen sollen, wie er dabei strahlte...«

Ein Kellner erschien und schenkte die Champagnergläser voll. Old Indy mußte sich selbst auf die Schulter klopfen. Immerhin hatte er es mit seiner Geschichte geschafft, die beiden Frauen während der Mahlzeit davon abzuhalten, sich gegenseitig an die Gurgel zu gehen.

Norma und Selina lächelten höflich, als Indy das Glas hob, um mit ihnen anzustoßen.

»Als wir den Lagerplatz weit hinter uns gelassen hatten, schaute ich noch mal zurück. Und da bemerkte ich dann ein ungewöhnliches Blinken an einer Stelle auf dem Felswall, der das Lager umgab. Es war der Punkt, wo Meto und ich zum letztenmal zusammen gesessen und uns verabschiedet hatten. Offenbar hatte er sich ausgerechnet diesen Platz ausgesucht, um seine Neuerwerbung auszuprobieren.

Ich winkte ihm, und ich denke, daß er mich gesehen hat.«

Indy nahm einen weiteren Schluck aus seinem Glas.

»Jahre später verlieh man diesem Lagerplatz den beziehungsreichen Namen ›Champagnergrat‹ ... aber nicht etwa in Erinnerung an Theodore Roosevelt, sondern wohl eher im Hinblick auf die Tausende von Besuchern, die ihm im Laufe der Jahre folgten ... Champagnergrat ...«

Der alte Mann lachte verhalten und schüttelte den Kopf. Dann griff er nach seinem zerbeulten Hut, von dem er sich niemals trennte und den er unter seinen Stuhl gelegt hatte, erhob sich und machte Anstalten zu gehen.

»Darf ich Sie nicht noch zu einem weiteren Glas einladen?« fragte Tom.

Indy zögerte, dann schüttelte er den Kopf. »Nein, danke, heute nicht ...« Er deutete eine Verbeugung an und entfernte sich zwischen den Tischen hindurch zum Ausgang. Das »Auf Wiedersehen«, mit dem Tom, Norma und Selina auf sein Kopfnicken reagierten, schien er gar nicht mehr zu hören.

Norma sah Selina fragend an. Sie runzelte die Stirn.

»Was hatte das denn zu bedeuten?« wollte Selina wissen.

»Keine Ahnung.« Norma zuckte die Achseln. Und zu Tom gewandt fragte sie: »Kannst du dir darauf einen Reim machen?«

Tom schüttelte den Kopf. »Nee. Beim besten Willen nicht. Eigentlich machte der Oldtimer doch einen recht vernünftigen Eindruck. Aber der Augenschein täuscht manchmal. Ich kann nur hoffen, daß ich nicht genauso absonderlich werde, wenn ich alt bin.«

Selina tastete nach ihrem Pelzmantel, der hinter ihr auf der Lehne hing. Ob der Fremde etwa darauf hatte anspielen wollen? Doch dann schüttelte sie unwillkürlich den Kopf. Und wenn doch, was ging ihn das überhaupt an?

Sie hob ihr Glas. »Na dann … Prost.«

Tom und Norma griffen ebenfalls nach ihren Gläsern.

»Prost.«

Sie tranken …

Bevor die Welt
Indy entdeckte,
entdeckte Indy
die Welt.

Megan Stine/H. William Stine

DIE ABENTEUER DES JUNGEN INDIANA JONES
Fluch der Mumie

Ägypten 1908

Roman

Die Abenteuer des jungen Indiana Jones beginnen im Mai des Jahres 1908, als sein Vater, Professor Henry Jones, eine Einladung zu Gastvorlesungen an Universitäten in der ganzen Welt annimmt.
Das erste Reiseziel heißt Oxford, wo man für Indy eine Hauslehrerin engagiert. Die strenge Miss Seymour wird die Familie in den nächsten Jahren auf ihren Reisen begleiten.
Von England aus geht es nach Ägypten. Hier erlebt der Neunjährige das aufregende Treiben in den Straßen Kairos und besucht die faszinierenden Pyramiden von Giseh. Im Land der Pharaonen lernt Indy auch T. E. (Ned) Lawrence kennen, den späteren Lawrence von Arabien. Ned nimmt den Jungen ins berühmte Tal der Könige mit, wo der Archäologe Howard Carter gerade ein neues Grab entdeckt hat. Die Einheimischen munkeln, daß über der Grabstätte des Höflings Kha ein Fluch liegt. Mysteriöse Geschehnisse nach Öffnung des Grabes scheinen dies zu bestätigen...

vgs verlagsgesellschaft Köln

Mike F. Thompson

DIE ABENTEUER DES JUNGEN INDIANA JONES
Pancho Villa

Mexiko 1916

Roman

Ein kalter Märzmorgen im Jahr 1916: Gemeinsam mit seinem Cousin Frank kommt der sechzehnjährige Indiana Jones in das Dorf Columbus im US-Bundesstaat New Mexico.
Die jungen Männer sind auf der Suche nach kleinen Abenteuern, die auch nicht lange auf sich warten lassen – allerdings anders, als die beiden sich das vorgestellt haben: Aufständische aus dem benachbarten Mexiko überfallen den Ort und verschleppen Indy in ihre Heimat. Hier lernt der junge Amerikaner den legendären Freiheitskämpfer Pancho Villa kennen und erlebt aufregende und gefährliche Tage bei den mexikanischen Rebellen ...
Nachdem er mit knapper Not dem Tode entgangen ist, wartet die nächste Überraschung auf Indy: Unerwartet stößt er auf eine Spur, die ihn doch noch das unheimliche Rätsel um den »Fluch der Mumie« lösen läßt ...

vgs verlagsgesellschaft Köln

Nigel Robinson

DIE ABENTEUER DES JUNGEN INDIANA JONES

Felder des Todes

Verdun 1916

Roman

Nordostfrankreich im September 1916: Um die Provinzstadt Verdun ist eine der grausamsten Schlachten des Ersten Weltkrieges entbrannt. Berichte seines Freundes Ned Lawrence über die Ereignisse in Europa haben den jungen Indiana Jones dazu bewogen, sich als Kurier bei der französischen Armee zu verpflichten. Nahe den Schützengräben erlebt Indy den Wahnsinn eines Krieges mit, der Millionen von Menschen das Leben kostet.

Im Niemandsland zwischen den Fronten spioniert der junge Amerikaner wichtige Informationen über die nächsten Kriegspläne des Feindes aus. Doch die französischen Generäle wollen ihm nicht glauben ... Verzweifelt versucht Indy, eine sinnlose Schlacht zu verhindern: Er verzögert die Auslieferung eines geheimen Befehls, der Tausende in den sicheren Tod schicken würde...

vgs verlagsgesellschaft Köln

James Luceno

DIE ABENTEUER DES JUNGEN INDIANA JONES
Mata Hari

Paris 1916

Roman

Frankreich im November 1916: Indiana Jones, noch immer in Diensten der belgischen Armee, erhält endlich den lang ersehnten Fronturlaub. Gemeinsam mit seinem besten Freund Remy reist der junge Amerikaner nach Paris, um den Schrecken des Krieges für kurze Zeit zu entfliehen.
Kaum in der Seine-Metropole angekommen, macht Indy die Bekanntschaft einer faszinierenden Frau: Mata Hari, die berühmte Tänzerin. Doch die schöne Holländerin scheint ein Doppelleben zu führen, weshalb der junge Soldat mehr als einmal in eine äußerst delikate Lage gerät ...
Hin- und hergerissen zwischen seiner Liebe zu Mata Hari und dem Wissen um die politischen Verwicklungen in Europa wird der Siebzehnjährige nichtsahnend das Opfer der dramatischen Ereignisse in der Alten Welt. Als er von der französischen Polizei der Spionage verdächtigt und verhaftet wird, hängt Indys Leben plötzlich an einem seidenen Faden ...

vgs verlagsgesellschaft Köln

Nigel Robinson

DIE ABENTEUER DES JUNGEN INDIANA JONES
Am Todesfluß

Afrika 1916/1917

Roman

Afrika, Dezember 1916: Die Wirren des Ersten Weltkrieges haben auch auf den Schwarzen Kontinent übergegriffen. Der siebzehnjährige Indiana Jones kämpft als belgischer Offizier gegen die Deutschen. Als eine für die Belgier überlebenswichtige Waffenlieferung ausbleibt, wird Indy auf eine gefährliche Mission durch den Dschungel geschickt. Schon bald fordern der schier undurchdringliche Urwald und das unerträgliche Klima ihren Tribut: Krankheiten und Seuchen dezimieren Indys Truppe ...
Inzwischen selbst an Gelbfieber erkrankt, gelingt es Indy nicht, seine verbliebenen Soldaten nach Belgisch Kongo zurückzuführen. Völlig entkräftet strandet er mit seinem Schiff vor einem Urwaldkrankenhaus, das ausgerechnet von einem deutschen Arzt geleitet wird: Albert Schweitzer ...

vgs verlagsgesellschaft Köln

NEW
JERSEY
Kilimand